Umbrien

Von Peter Peter

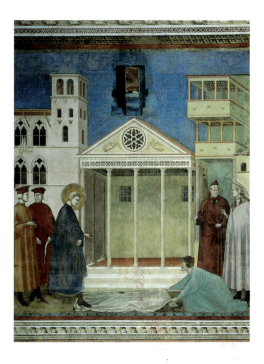

Inhalt

Auftakt:
Eine Reise ins Mittelalter   6

**Geschichte, Kunst, Kultur
im Überblick**   12

Sehenswürdigkeiten

**Perugia – Rolltreppen ins
Mittelalter**   18

1 Perugia 18
Südliche Oberstadt 20
Nördliche Oberstadt 24
Südliche Unterstadt 27

**Von Orvieto nach Città
di Castello – über den Ufern
des Tiber**   31

2 Orvieto 31
3 Todi 38
4 Deruta 43
5 Torgiano 43
Bettona 43
6 Città di Castello 44
Cospaia 47

**Il Trasimeno – idyllische Inseln
und malerische Uferstädtchen**   49

7 Lago Trasimeno 49
Isola Minore – Isola Maggiore –
Isola Polvese

Eine hügelige Landschaft und jede Menge sehenswerte mittelalterliche Städte, das ist Umbrien – Perugia mit den Kirchen San Domenico und San Pietro

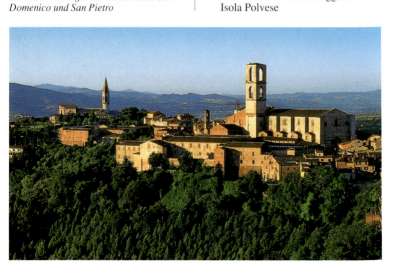

Inhalt

Meisterwerke – den besten Überblick über das großartige Schaffen umbrischer Maler, hier Perugino, erhält man in der Galleria Nazionale dell'Umbria in Perugia

|8| **Passignano sul Trasimeno 50**
Castel Rigone 51
|9| **Monte del Lago 51**
Magione – San Feliciano –
San Savino
|10| **Castiglione del Lago 53**
Borghetto – Tuoro sul
Trasimeno
|11| **Panicale 55**
Piegaro – Paciano
|12| **Città della Pieve 57**

Assisi – Heimat des heiligen Franziskus   **59**

|13| **Assisi 59**
Basilica San Francesco 60
- Unterkirche 62
- Oberkirche 63
Stadtzentrum 64
|14| **S. Maria degli Angeli 72**
|15| **Monte Subasio 73**
Eremo delle Carceri 73

Von Spello nach Spoleto – Perlen der Valle Umbra   **75**

|16| **Spello 75**
|17| **Foligno 78**
|18| **Abbazia di Sassovivo 80**
|19| **Bevagna 81**
|20| **Montefalco 82**
|21| **Trevi 84**

|22| **Tempio del Clitunno 85**
|23| **Spoleto 86**
Oberstadt 88
Unterstadt 91
Monteluco 92

Blühender Süden – Römerruinen und Adelsvillen   **95**

|24| **Terni 95**
Cascata delle Marmore 98
|25| **Lago di Piediluco 98**

Aus dem Stadtbild von Assisi nicht wegzudenken – Franziskanermönche in ihrer braunen Kutte

Inhalt

Volksfest – bei der Corsa dei Ceri trifft sich ganz Gubbio auf der Piazza della Signoria

26 **Narni 99**
   Visciano 102
27 **Otricoli 102**
28 **Amelia und das Amerino 104**
   Lugnano in Teverina – Giove – Alviano – Sismano – Dunarobba
29 **Carsulae 106**

In den Ausläufern des Apennin – steinerne Bergstädtchen und eine grandiose Natur 109

30 **Gubbio 109**
   Scheggia – Parco Regionale di Monte Cucco
31 **Gualdo Tadino 114**
32 **Nocera Umbra 115**
33 **Norcia 116**
34 **Castelluccio 118**
35 **Cascia 119**
   Roccaporena – Monteleone di Spoleto
36 **Valnerina 120**
   Arrone – Ferentillo – Scheggino – Sant'Anatolia di Narco – Gavelli – Vallo di Nera – Abbazia di Sant'Eutizio
37 **San Pietro in Valle 124**

Karten und Pläne
Umbrien vordere Umschlagklappe
Perugia hintere Umschlagklappe

Orvieto 32/33
Todi 40
Città di Castello 45
Lago Trasimeno 50
Assisi 60/61
Assisi, San Francesco Oberkirche 65
Spello 76
Spoleto 87
Terni 95
Narni 99
Gubbio 110
Valnerina 122

Register 140

Bildnachweis 142

Impressum 144

Eintauchen ins Mittelalter – die Giostra della Quintana in Foligno läßt alte Ritterspiele wieder aufleben

4

Inhalt

Dies und Das

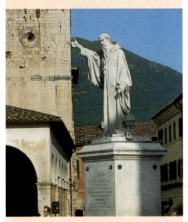

Wegbereiter – der hl. Benedikt schuf die Regeln für katholische Mönchsgemeinschaften, Statue in Norcia

Guelfen contra Ghibellinen 19
Egregius Pictor Perugino 23
Die Etrusker – Künstler des Grabes 28
Corporale und Fronleichnam 33
Alberto Burri, Altmeister der Arte Povera 46
Der Bayernkönig und die umbrische Philosophin 52
Hannibal ante portas 54
Al fresco – Giottos Maltechnik 63
Il Poverello 66
Die heilige Klara – eine starke Franziskanerin 70
Land der Maler 84
Via Flaminia – Lebensader Umbriens 106
Die Tavole Eugubine – das Geheimnis der antiken Umbrer 111
Benedikt von Nursia, der Begründer des abendländischen Mönchtums 116
Wandern wie Tannhäuser 118
Teurer als Silber – umbrische Trüffel 123
Goldener Orvieto und brombeerroter Sagrantino – Weine mit Zukunft 131

Umbrien aktuell A bis Z

Hier geht es um die Wurst – ausgezeichneten Schinken und herrliche Wildschweinswürstchen gibt es in Norcia

Vor Reiseantritt 127
Allgemeine Informationen 127
Anreise 128
Bank, Post, Telefon 129
Einkaufen 129
Essen und Trinken 130
Feste und Feiern 132
Klima und Reisezeit 133
Kultur live 133
Museen und Kirchen 133
Nachtleben 134
Sport 134
Statistik 134
Unterkunft 134
Verkehrsmittel im Land 135

Sprachführer 136

Eine Reise ins Mittelalter

Umbrien, die ruhigste und geheimnisvollste Region Italiens, voller bleicher Madonnenfresken und vergessener Bergstädtchen? Das Image gilt nur noch bedingt. Denn dieses grundsolide und arbeitsame Land hat Mittelalter und scheinbare Rückständigkeit längst als Werbefaktor und touristischen Standortvorteil erkannt. Heute toben überall von Fernsehregisseuren organisierte **Mittelalterfestivals** durch die steinernen Städtchen, und sowohl toskanische als auch römische Wochenendurlauber sind dem **romantischen Charme** Umbriens restlos verfallen. Die Liste prominenter Wahlumbrer, von Sting über Jack Lang bis zum Kultregisseur Michelangelo Antonioni, wird ständig länger. Das war nicht immer so. Reisende früherer Zeiten hetzten auf ihrem Weg nach Rom durch die Etappe Umbrien. Lediglich Clitumnus-Tempel und die Wasserfälle von Terni lagen bequem an der Straße zwischen zwei Pferdewechseln.

Doch das **grüne Herz Italiens** bietet genug Gründe, zu bleiben. Herber, knorriger als die Toskana, konkurriert es dennoch mit ihr an Schönheit der Landschaft, an Kunstschätzen und – nicht zu vergessen – an erlesen-bodenständiger Küche.

Trüffel und Wildschweine – das grüne Herz Italiens

Italienische wie ausländische Touristen kommen immer mehr auf den Geschmack. Umbrien als **Naturerlebnis**! Steineichenwälder, Trüffelmacchia und Olivenhaine, das Biotop des Trasimenischen Sees und Reitausflüge zu den blühenden Linsenfeldern von Castelluccio. Umbrien ist eine Region, in der die menschlichen Dimensionen noch stimmen, wo die kleinen Städte harmonisch mit dem Umland verbunden sind. Und wo **naturbelassene Landwirtschaft** nicht intellektueller Trend, sondern seit Jahrhunderten verwurzelte Selbstverständlichkeit ist. Mit den Trüffelhunden auf die Suche gehen, dem Olivenholzschnitzer bei der Arbeit zuschauen, über das beste Olivenöl Italiens fachsimpeln oder in einem Agriturismo auf dem Bauernhof

Oben: *Immer der Nase nach – in Umbrien werden fast ausschließlich Hunde für die Trüffelsuche eingesetzt*
Rechts: *Malerisch – Bergstädtchen Trevi*
Rechts oben: *Mittelalterfestivals haben Hochkonjunktur – Calendimaggio in Assisi*

schlafen und sich abends vor dem offenen Kamin versammeln, um geröstete Wildtauben zu essen – Urlaub für Leib und Seele. Nur wenige italienische Regionen haben es bisher so erfolgreich geschafft, die **traditionelle bäuerliche Lebenswelt** ins touristische Erleben zu integrieren – nicht zum Schaden der umbrischen Produzenten, deren erstklassige Lebensmittel in Italien Spitzenpreise erzielen.

Miniaturistenträume – die umbrischen Städte

Umbriens Städte sind die perfekte Bühne. Denn irgendwo, nach mittelalterlichen Häuserschluchten und Treppenwegen, öffnet sich immer eine weite Piazza, meist mit romanischem Dom und wuchtigen Kommunalpalästen. Die mittelalterlichen Zentren sind Treffpunkte der Einheimischen und Treffpunkte der Fremden. Allen voran die prächtige Flaniermeile von **Perugia**, der Corso Vannucci, der u. a. Musikdarbietungen vor ausgelassenem studentischem Publikum aus aller Welt präsentiert. Oder die alte Etruskerstadt **Orvieto**, hoch oben auf einem Tuffpilz schwebend, über der die gotische Domfassade blitzt. Nicht zu vergessen die un-

gezählten umbrischen Miniaturstädtchen, die noch immer ihren Mittelaltertraum träumen. Jedes ist ein Kosmos für sich, den es zu entdecken gilt. **Bevagna** mit der romanischen Piazza, die Traumkulisse von **Trevi**, die Fresken der Römerstadt **Spello**. Oder das steinverliebte **Gubbio**, wo einst Franziskus den Wolf zähmte.

Klöster und Waldklausen – Umbria sancta

Benedikt und Norcia, **Franziskus** und Assisi – die Umbrer haben das Mönchtum zwar nicht erfunden, es aber zu dem gemacht, was es noch heute ist. Umbrien ist auch eine **Region der Heiligen**, der begeistert gefeierten lokalen Patronatsfeste. Pilgerströme aus ganz Italien fließen nach Assisi und zur populären **hl. Rita** nach Cascia. Kirchen über Kirchen, in denen häufig wegen jahrhundertelanger Geldnot Ausstattung und Frömmigkeit des Mittelalters unangetastet blieben, gibt es zu entdecken und Eremitengrotten in Waldschluchten, über denen **einsame**

Oben: *Franziskus, der beliebteste Heilige Umbriens, ist Hauptdarsteller zahlreicher Freskenzyklen – Benozzo Gozzoli, Museo di San Francesco, Montefalco*

Mitte: *Abgeschieden – Abbazia San Cassiano bei Narni*

Unten: *Allein unter Schriftgelehrten – Szenen aus dem Leben Jesu in der Cappella Baglioni im Dom von Spello*

Rechts oben: *Die Bildergeschichten an der Domfassade von Orvieto ranken sich um die Abenteuer von Adam und Eva*

Rechts Mitte: *Reichgeschmückt – Domfassade von Spoleto*

Auftakt

Klöster entstanden. Gerade diese klerikale Architektur in Verbindung mit lieblicher Landschaft macht einen der großen Reize einer Umbrienfahrt aus.

Fresken, Fresken, Fresken

Unendlich ist der Bilderteppich, der die Kirchenwände Umbriens bedeckt. Ein Eldorado nicht nur für Kunstfreunde, sondern für alle, die sich gern die fromm-naiven **Heiligenlegenden** erzählen lassen. Allen voran begeistert das Weltwunder Assisi mit dem ersten großen Paukenschlag der italienischen Kunst: **Giottos Franziskusfresken**. Seine eindringliche Bildersprache hat das Franziskusbild bis in die Gegenwart nachhaltig geprägt. Daneben steht der fulminante Bil-

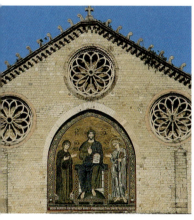

derreigen der anderen führenden italienischen Maler aus Rom, Florenz und Siena, von **Cimabue** bis **Simone Martini**.

Doch die stets von Touristenscharen begleiteten Highlights erschlagen manchen Reisenden. Umbrien bietet alternativ eine Fülle einsamer **Dorfkirchen**, in denen man einen ungeahnten Reichtum an Bildern meist ganz für sich allein hat, wo Kunst und stille Einkehr noch zusammengehen. Daneben kann man auch das Umbrien entdecken, das als Ideal der Landschaftsmalerei in die Kunst einging. Gerade die führenden Renaissance-Meister wie **Perugino** und **Pinturicchio** haben der Hügellandschaft um den Trasimenischen See immer wieder liebevoll-detaillierte Landschaftshintergründe gewidmet. Dies sind Bilder zum Zeitlassen, zum Träumen. Wer hingegen Aktion sucht, wem die stille, feine Miniaturmalerei der umbrischen Schule zu verhalten ist, kommt schließlich in Orvieto voll auf

9

Auftakt

seine Kosten. Denn die **Weltgerichtsbilder Luca Signorellis** sind das Dynamischste, was vor Michelangelos Sixtinischer Kapelle gemalt wurde.

Wohlstandsinsel Umbrien? – Disziplin vor Dolce vita

Klein ist fein, und bei gerade 820 000 Einwohnern haben die Umbrer die Vorteile der Überschaubarkeit zu schätzen gelernt. Das **moderne Umbrien** blickt auf eine wirtschaftliche Erfolgsstory zurück. Grundlage ist die Mentalität der

Oben: *Schöne Aussicht – Assisi erstreckt sich an den Ausläufern des Monte Subasio*
Unten: *Ein guter Jahrgang? Aus den roten Trauben wird einmal der berühmte Sagrantino von Montefalco*
Rechts oben: *Der Lauf der Verrückten – einmal im Jahr werden in Gubbio Heiligenstatuen im Laufschritt den Monte Ingino hinaufgetragen*
Rechts unten: *Umbrische Delikatessen – Schinken, Wurst und Käse*

Umbrer, geprägt von harter bäuerlicher Arbeit. Wie bei den antiken Römern steht Disziplin deutlich vor Dolce vita. Heute ruht die ›Schweiz Italiens‹ auf festen Füßen. Mode, Tourismus, Möbel, Wein und ökologische Landwirtschaft sind die Säulen für ein typisch **italienisches Wirtschaftswunder**, das auf modern vermarkteten Familientraditionen basiert. Ordnung, Sauberkeit und Bodenständigkeit prägen das Musterländle. Und so manche Haustür bleibt in Umbrien wie in guten alten Zeiten unverschlossen, denn die Kriminalitätsrate zählt zu den niedrigsten Europas.

Dickschädel und Tankwartinnen

»Unbewegliche, finstere, verschlossene Menschen, doch zugleich voll Launen, Einfällen, bizarren Stimmungen.« *Curzio Malaparte* hat den Charakter der Umbrer gewiß überzeichnet. Doch eines steht fest: Mediterrane Heiterkeit ist ihre Sache nicht. Hier muß man sich Zeit nehmen für die Menschen. Denn die etwas schwerblütigen Umbrer mögen die Oberflächlichkeit nicht. Nicht nur sprachlich, auch kulturell verläuft durch Umbrien die **Grenze** zwischen **Nord- und Süditalien**. Man merkt es besonders an der beruflichen Präsenz der Frauen. Denn anders als im Süden sind *barista*, Kellnerin, und auch Tankwartin inzwischen völlig normale Berufe.

Der Reiseführer

Dieser Band stellt Umbrien in sieben Kapiteln vor. Der Autor beschreibt zunächst die Hauptstadt **Perugia**, dann das *Tibertal* von **Orvieto** bis **Città di Castello** und den Trasimenischen See. Dem Assisi-Kapitel folgen die Perlen der *Valle Umbra* von **Spello** bis **Spoleto**. Schilderungen der südumbrischen Provinz Terni und der apenninischen Bergstädte wie Gubbio komplettieren den Reiseführer. **Übersichtskarten** und **Stadtpläne** erleichtern die Orientierung. Die **Top Tips** bieten Empfehlungen zu Hotels, Restaurants, Festen, Wanderungen etc. Den Besichtigungspunkten sind **Praktische Hinweise** mit Tourismusbüros sowie Hotel- und Restaurantbeschreibungen angegliedert. **Umbrien aktuell A bis Z** bietet alphabetisch geordnet Informationen von der Anreise über Essen und Trinken bis zu den Unterkünften. Hinzu kommt ein ausführlicher Sprachführer. **Kurzessays** runden den Reiseführer ab.

Geschichte, Kunst, Kultur im Überblick

»Hundert und Hundert Histörchen kleben an allen Mauern Umbriens. Keine noch so geringe Stadt, wo nicht eine besondere Sage aus alten Toren klingt.«
(Heinrich Federer)

1143 v. Chr. Sagenhaftes Gründungsdatum der Stadt Ameria (Amelia).

10 Jh. v. Chr. Eisenzeitliche Hügelsiedlungen der Villanova-Kultur, der etruskischen ›Urkultur‹, bei Perugia.

7.–3. Jh. v. Chr. Blütezeit der etruskischen Kultur in der umbrischen Landeshälfte westlich des Tiber mit den Zentren Volsinii (Orvieto) und Perugia; im Bergland leben umbrische Stämme, im Süden der Volksstamm der Naharsker.

299 v. Chr. Narnia wird als erste römische Kolonie auf umbrischem Boden errichtet.

264 v. Chr. Die Römer brennen das etruskische Zentrum Volsinii nieder.

241 v. Chr. Römische Gründung von Spoletium am Tor zur Valle Umbra. In der Lex Spoletina, dem frühesten Umweltschutzgesetz Europas, wird Holzhacken in heiligen Wäldern unter Strafe gestellt.

220 v. Chr. Der Censor Gaius Flaminius läßt die Via Flaminia anlegen, die von Narni über Foligno nach Rimini führt.

217 v. Chr. besiegte Hannibal am Trasimenischen See die Römer

217 v. Chr. Hannibal schlägt am Trasimenischen See ein römisches Heer vernichtend.

2./1. Jh. v. Chr. Die Eugubinischen Bronzetafeln (aus Gubbio) beschreiben umbrische Opferriten.

81 v. Chr. Cicero verteidigt Sextus Roscius aus Amelia in einem Bürgerrechtsprozeß.

50 v. Chr.–5 n. Chr. Der umbrische Dichter Properz schreibt hinreißende lateinische Liebeselegien.

40 v. Chr. Octavian, der spätere Kaiser Augustus, erobert Perugia.

13/14 n. Chr. Bei der Augusteischen Gebietsreform wird Umbria als ›Regio Sexta‹ (6. Region) erstmals ein administrativer Begriff.

96–98 Der für seine Sparsamkeit und Milde berühmte Nerva aus Narni wird römischer Kaiser.

275/276 Der Soldatenkaiser Tacitus aus Interamna (Terni) regiert das römische Imperium.

317 Die Diokletianische Verwaltungsreform vereint Umbrien, dessen Name im Mittelalter in Vergessenheit gerät, mit Etrurien zu Tuscien.

ca. 330 Im Reskript von Hispellum gesteht Kaiser Konstantin den Umbrern heidnische Kulte zu. Das Christentum wird in der Folgezeit nur widerwillig und unter Zwang angenommen.

480–547 Der hl. Benedikt von Nursia (Norcia) begründet das abendländische Mönchtum und verfaßt die ›Regula‹, die Benediktregel.

552 Der Ostgotenkönig Totila wird in der Schlacht von Tagina (bei Gualdo Tadino) durch byzantinische Truppen getötet. Das Ostgotenreich bricht zusammen.

571 Der Langobarde Faroald gründet das Herzogtum Spoleto.

655 Der hl. Märtyrerpapst Martin I. aus Todi stirbt in byzantinischer Verbannung auf der Krim.

890–898 Die Langobardenherzöge Guido und Lambert von Spoleto erlangen nacheinander die Kaiserwürde.

Geschichte, Kunst, Kultur im Überblick

Der hl. Benedikt, Begründer des abendländischen Mönchtums (**links**), *Stauferkaiser Friedrich II.* (**Mitte**), *der hl. Franziskus, Begründer der Bettelorden* (**rechts**)

965–972 Der spätere Johannes XIII. aus Narni wird zum Papst gewählt.

ca. 1000 Der hl. Romuald von Camaldoli begründet Mönchsklausen in Nordumbrien.

11.–12. Jh. Die meisten umbrischen Städte werden zu selbstverwalteten bürgerlichen Kommunen.

1115–1297 Zehn Päpste wählen Orvieto zu ihrer Residenz.

1155 Kaiser Friedrich Barbarossa zerstört Spoleto.

1182–1226 Der hl. Franziskus von Assisi gründet den Franziskanerorden und reformiert die Kirche, indem er auch Nichtadlige als Mönche aufnimmt.

1197 Der spätere Kaiser Friedrich II. wird in Assisi, wo er seine ersten Lebensjahre verbringt, getauft.

1212 Chiara Offreduccio, die spätere hl. Klara, gründet in Assisi den Klarissinnenorden.

1216 Der mächtigste Papst des Mittelalters, Innozenz III., stirbt in Perugia.

1228 Baubeginn von San Francesco in Assisi.

ca. 1230–1306 Jacopone da Todi, franziskanischer Mystiker und Dichter, verfaßt das ›Stabat Mater‹. Dieser lateinische Passionshymnus vom Leiden Marias um ihren Sohn wurde später von ungezählten Komponisten, darunter Rossini und Pergolesi, vertont.

1253 Heiligsprechung der Chiara Offreduccio (hl. Klara).

1254 In Perugia wird die Fontana Maggiore, der erste Stadtbrunnen des Mittelalters, errichtet.

1264 Papst Urban IV. führt nach dem Meßwunder von Bolsena das Fronleichnamsfest ein.

ca. 1264 Der hl. Thomas von Aquin, wegen seiner engelsgleichen Gelehrsamkeit ›doctor angelicus‹ genannt, lebt im Dominikanerkloster von Orvieto.

ca. 1296–99 Giotto malt die Franziskusfresken in San Francesco in Assisi.

1307 Perugia wird Universitätsstadt.

1348 Bei Prozessionen zur Bannung der Pest in Perugia entsteht die Flagellantenbewegung (öffentliche Selbstgeißelung).

1357–68 Kardinal Albornoz unterwirft zahlreiche freie umbrische Städte für den Kirchenstaat.

1370–1443 Der Umbrer Gattamelata (eigentlich Erasmo da Narni) dient als Condottiere in venezianischen Diensten. Seinen Nachruhm verdankt er dem Reiterstandbild, das Donatello zu seinem Andenken in Padua aufstellte.

1416–24 Braccio di Fortebraccio, adliger Condottiere aus Perugia, erobert ein mittelitalienisches Reich, das sich bis Rom erstreckt.

1445–1523 Perugino wird zum führenden Vertreter der umbrischen Malschule.

1454–1513 Pinturicchio, umbrischer Hofmaler des Borgia-Papstes Alexander VI., macht sich mit miniaturhaften religiösen ›Märchenbildern‹ einen Namen.

1455–1525 Alessandro Geraldini aus Amelia wird erster Bischof in der neuen Welt, auf Santo Domingo, Hispaniola.

1472 Dantes ›Divina Commedia‹ wird als erstes Buch in italienischer Sprache in Foligno gedruckt.

Geschichte, Kunst, Kultur im Überblick

Im Pilgerrummel von Assisi findet man heute nur noch selten Raum für stille Andacht

1494–1504 Raffael, eigentlich Raffaello Sanzio (1483 Urbino–1520 Rom), verbringt seine Jugendjahre in Umbrien und geht bei Perugino in die Lehre.

1499 Lucrezia Borgia regiert in päpstlichem Auftrag Umbrien von Spoleto aus.

1499–1502 Luca Signorelli malt die Weltgerichtsfresken der Cappella di San Brizio im Dom von Orvieto.

ca. 1500 Der vergessene Landesname Umbrien taucht in humanistischen Texten wieder auf.

1512–72 Galeazzo Alessi aus Perugia, Starbaumeister in Genua, errichtet bei Assisi S. Maria degli Angeli.

1527 Papst Clemens VII. flüchtet vor den Rom plündernden deutschen Landsknechten nach Orvieto. Plünderung von Narni.

1540 Papst Paul III. unterwirft im Salzkrieg Perugia, die letzte freie Stadt Umbriens. Die Rocca Paolina wird als Zwingburg errichtet.

1575 In Cospaia wird erstmals in Italien Tabak angebaut.

1623–44 Urban VIII. Barberini, ehemals Erzbischof von Spoleto, wird zum Papst gewählt.

1703 Ein schweres Erdbeben in der Valnerina fordert 2000 Tote.

1784–1841 Francesco Morlacchi aus Perugia leitet seit 1806 die Dresdener Hofkapelle (als Vorgänger Richard Wagners). Mit dem ›letzten Italiener‹ endet die im 18. Jh. vorherrschende Dominanz italienischer Komponisten in den Residenzen Europas.

1786 Goethe besucht den Minerva-Tempel von Assisi.

1798/99 Napoleonische Besatzung: Umbrien wird in die Départements Clitunno und Trasimeno aufgeteilt. Kunstraub in großem Stil.

1809–14 Umbrien ist als Département Trasimeno Teil des Napoleonischen Empire.

1817 Lord Byron besucht und besingt die Wasserfälle von Terni in ›Childe Harold's Pilgrimage‹.

1823–29 Annibale della Genga aus Spoleto regiert als Papst Leo XII.

1826 Camille Corot malt die ›Brücke von Narni‹ und stellt sie im Pariser Salon aus. König Ludwig I. von Bayern macht mit der umbrischen Marchesa Luisa Fiorenzi Urlaub am Trasimenischen See.

1831/1848 Aufstände des republikanischen Geheimbunds der ›Carbonari‹ gegen den Kirchenstaat.

1828 William Turner malt Orvieto.

1859 Schweizer Landsknechte richten unter den gegen den Kirchenstaat rebellierenden Perusinern ein Blutbad an.

1860 Umbrien wird Teil des Nationalstaates Italien.

1870 Auflösung des Kirchenstaates.

1875 Die Waffenwerke von Terni werden errichtet.

1876 Der spätere Literatur-Nobelpreisträger Giosuè Carducci verfaßt seine berühmte Ode ›Alle fonti del Clitunno‹.

1878–1903 Der Erzbischof von Perugia, Kardinal Pecci, nimmt als Papst Leo XIII. den heiligen Stuhl ein.

1894 Gabriele d'Annunzio schreibt seine Umbriengedichte ›Le città del silenzio‹ (Die Städte des Schweigens).

1900 Rita von Cascia (1381–1457) wird heilig gesprochen.

1907 Hermann Hesse beschreibt begeistert Gubbio und Montefalco.

1908 Die Schokoladenfabrik Perugina, die heute für ihre ›baci‹ (Küsse) weltbe-

Geschichte, Kunst, Kultur im Überblick

rühmt ist, nimmt die Produktion auf. Im selben Jahr gründet Alice Hallgarden Franchetti in Città di Castello die Tela Umbra, eine Weberei für Leinen, das als das feinste der Welt gilt.

1920–23 Faschistische Schlägertruppen (squadrismo) lösen sozialistische Parteiorganisationen (vor allem in Terni) gewaltsam auf.

1922 Der Touring Club Italiano (TCI) gibt den ersten Umbrienführer für Autofahrer heraus.

1923 Die Provinz Rieti wird an Latium abgetreten.

1926 Die Ausländeruniversität Università per stranieri wird in Perugia durch königliches Dekret gegründet.

1926/27 Die Feierlichkeiten zum 700. Todestag des hl. Franziskus leiten das politische Tauwetter zwischen Faschismus und katholischer Kirche in Italien ein.

1927 Die noch heute gültige administrative Einteilung in die Provinzen Perugia und Terni wird getroffen. Der Schriftsteller Luigi Malerba (›Die Hühner‹) wird in Orvieto geboren.

1943/44 Wiederholte Bombenangriffe auf Terni, die ›Waffenschmiede Italiens‹.

1944 Der erbitterte Widerstand der Partisanen wird von den deutschen Okkupationstruppen mit blutigen Vergeltungsaktionen beantwortet.

1946 72% der Umbrer stimmen für die Republik und die Abschaffung der Monarchie.

1958 Der in New York lebende italienische Opernkomponist Giancarlo Menotti begründet in Spoleto das mondäne ›Festival dei due Mondi‹.

1959 Heinrich Böll weilt in Assisi.

1962 Der amerikanische Neokonstruktivist Alexander Calder errichtet sein Theodelapio-Stabile in Spoleto.

1964 Der hl. Benedikt wird zum Patron Europas erklärt.

1972 Franco Zeffirelli dreht einen Film über den hl. Franziskus: ›Fratello Sole e Sorella Luna‹ (Bruder Sonne, Schwester Mond).

1958 Die hl. Klara, geistliche Schwester des hl. Franziskus, wird zur Schutzheiligen des Fernsehens proklamiert.

1988 Aldo Rossi errichtet in Perugia ein postmodernes Forum.

1989 Nestlé kauft Perugina, die Belegschaft des Mutterwerks wird drastisch reduziert.

1990 Alberto Burri (1915–1995) eröffnet in den Tabakdörrhallen seiner Heimatstadt Città di Castello ein Museum für seine seriellen Collagen.

1991 Gianfranco Vissani in Baschi wird vom Gault-Millau zum besten Restaurant Italiens gewählt.

1996 Die politisch traditionell links stehende Region wählt bei den Parlamentswahlen mehrheitlich die Kandidaten des exkommunistischen PDS.

1997 Ein schweres Erdbeben in Umbrien fordert mehrere Todesopfer und bringt die Oberkirche von San Francesco in Assisi zum Einsturz.

1998 Die von der Regierung Prodi und der Region koordinierten Wiederaufbaumaßnahmen kommen trotz mancher Kritik zügig voran.

2000 Nach umfassender Restaurierung wird die Oberkirche von San Francesco in Assisi wieder eröffnet.

Im Herbst 1997 richtete ein Erdbeben in Umbrien große Zerstörungen an, u.a. am Dom von Foligno

Sehenswürdigkeiten

Perugia – Rolltreppen ins Mittelalter

In den Mauern der umbrischen Hauptstadt Perugia treffen Vergangenheit und Gegenwart aufeinander. Mittelalterliche Kirchen, Paläste, sechsstöckige Wohnhäuser und dazwischen Studenten aus aller Welt: Die 1926 gegründete Ausländeruniversität, die **Università per stranieri**, boomt, und Perugia ist aus dem Schlaf der Nostalgie erwacht. Bunte Rolltreppen wühlen sich durch den Tuffsteinsockel der Papstfestung **Rocca Paolina**, und auf dem **Corso Vannucci**, der schönsten Flaniermeile Italiens, geben sich Jazzmusiker, elegante Perusinerinnen und die halbe Alma mater ein multikulturelles Stelldichein. Die ausgedehnte Altstadt – heute größtenteils faszinierende Fußgängerzone – bietet Touristen wie Einheimischen ein abwechslungsreiches Programm: von der herrlichen **Galleria Nazionale** mit ihrer Sammlung umbrischer Malerei bis zum Kirchenmusikfestival in stillen Kreuzgängen.

1 Perugia

Plan hintere Umschlagklappe

Zwischen mittelalterlichen Kirchen und Palästen läßt es sich gut flanieren und Italienisch lernen.

Perugia, Hauptstadt Umbriens und zudem die einzige Großstadt der Region (150 000 Einw.), ist in den letzten Jahren zwar stark angewachsen, doch blieb das Zentrum von neueren Baumaßnahmen weitgehend unberührt. Das mittelalterliche Perugia erstreckt sich auf zwei steil emporragenden Tuffkegeln, dem *Colle Landone* und dem *Colle del Sole*, die durch Aufschüttung miteinander verbunden wurden. Hier verläuft heute der Corso Vannucci, benannt nach dem berühmtesten umbrischen Maler, Pietro Vannucci, gen. *Perugino*.

Vorhergehende Doppelseite: *Die Chiesa S. Chiara in Assisi, vom Abendlicht stimmungsvoll in Szene gesetzt*

Perugia

Geschichte Das antike **Perusia** war eines der blühendsten Etruskerzentren, dessen kultureller Einfluß bis in die Römerzeit reichte (Arco di Augusto, Ipogeo dei Volumni). 40 v. Chr. fiel hier im **Bellum Perusinum** eine Vorentscheidung um die Macht in Rom. *Octavian*, der spätere Kaiser Augustus, stürmte nach siebenmonatiger Belagerung die ausgehungerte Stadt: Die Anhänger seines Rivalen *Mark Anton* mußten daraufhin Italien aufgeben.

Die eigentliche Glanzzeit Perugias war das Mittelalter: Die umbrische Metropole stand damals in bezug auf Einwohnerzahl, Macht und Finanzstärke den großen Stadtrepubliken der Toskana in nichts nach. Darüber hinaus diente die treu **guelfische Bergstadt** immer wieder den Päpsten als Residenz: Fünf Konklaven fanden hier statt. Die Heiligen Väter wie der machtvolle *Innozenz III.* schätzten besonders die strategische Position des fast 500 m hoch gelegenen Perugia. Der 6 km lange Mauerring von 1327 ist bis heute fast vollständig erhalten.

Das 15. Jh. war von einem ständig schwelenden **Bürgerkrieg** der großen Adelsgeschlechter geprägt. Blutbäche sollen laut zeitgenössischen Chronisten mehr als einmal die steilen Gassen hinuntergeflossen sein. Zugleich investierten Familien wie die *Baglioni* und die wohlhabenden Zünfte in prestigeträchtige Kunst.

Guelfen contra Ghibellinen

»*Hie Welf, Hie Waiblingen*«, *der Schlachtruf aus den Fehden zwischen Stauferkaiser* **Friedrich Barbarossa** *und dem Welfen* **Heinrich dem Löwen**, *hat Einzug in die italienische Sprache gefunden. Guelfen hießen fortan diejenigen, die sich gegen allzu großen kaiserlichen Einfluß in Italien stemmten und stattdessen die verhalten nationalitalienische* **Politik der Päpste** *unterstützten. Die staufische Festung Waiblingen (bei Stuttgart) hat hingegen den Ghibellinen ihren Namen gegeben. Sie vertrauten (in Umbrien unter der Führung Folignos) auf die* **Oberhoheit des Kaisers**, *der meist viel zu weit weg war, um ihnen in ihre Belange hineinreden zu können. In den meisten italienischen Kommunen kämpften Anhänger beider Richtungen permanent um die Macht.*

Um 1500 wirkten in Perugia drei der besten Maler Italiens: *Perugino*, *Pinturicchio* und vor allem *Raffael*.

40 Jahre später war alles vorbei. Im **Salzkrieg** (der wegen Salzsteuern ausbrach) ließ der kriegerische Farnese-Papst *Paul III.* die freie Stadt erobern und kurzerhand ein ganzes Viertel mit einer Zwingburg, der *Rocca Paolina*, überbauen. Die stolze Stadt mit dem Greifenwappen wurde ein Provinznest des Kirchenstaats, der Umbrien fortan von Spoleto aus regierte.

Erst Mitte des 19. Jh., während des Risorgimento, den italienischen Einigungsbestrebungen, gelang den Perusinern die Loslösung vom Kirchenstaat. 1848/49 und ein weiteres Mal 1860 stürmten sie die Rocca Paolina und rissen sie nieder. Die Perusiner profitierten von der italienischen Einigung 1860: Perugia wurde neue **Hauptstadt Umbriens**. Heute garantieren der Tourismus, die Ausländeruniversität und erfolgreiche Unternehmen (ellesse-Sportkleidung, Perugina-Schokoküsse, Mode- und Möbelindustrie) den Einwohnern beträchtlichen Wohlstand.

◁ *Ensemble mittelalterlicher Repräsentationsbauten – Palazzo dei Priori und Fontana Maggiore im Herzen Perugias*

Perugia – Fontana Maggiore, Duomo San Lorenzo

Abgesegnet – die Domtreppen unterhalb der Statue Julius' III. sind ein beliebter Treffpunkt für Einheimische und Touristen

Besichtigung Es empfiehlt sich, das Auto in der Unterstadt auf einem der beiden großen ausgeschilderten Parkplätze (Piazza Partigiani und Viale Pompeo Pellini) am Fuße der Rolltreppen stehen zu lassen, da weite Teile der Oberstadt für den Autoverkehr gesperrt sind und ansonsten gravierender Parkplatzmangel herrscht. Ausnahme: Wer ein Hotel in Perugia gebucht hat, darf zu bestimmten Zeiten direkt vorfahren.

Südliche Oberstadt

Glanzvolles Zentrum der Oberstadt ist der Domplatz **Piazza IV Novembre**, an dem die wichtigsten Sehenswürdigkeiten Perugias liegen: die Fontana Maggiore, der Palazzo dei Priori, der Duomo San Lorenzo, dessen Freitreppen der beliebteste Treff des *centro* sind, und nicht zuletzt die 1555 geschaffene Bronzestatue Papst Julius' III. Die weite Piazza und die sie rahmenden, kostbar weiß und rosa schimmernden öffentlichen Bauten lassen die einstige Bedeutung der Stadt erahnen – das freie Perugia war eine der mächtigsten Republiken des mittelalterlichen Italiens.

TOP TIP *Buon governo*, effektive Politik, läßt sich an der **Fontana Maggiore** ❶, dem ersten mittelalterlichen Stadtbrunnen Europas, festmachen: 1254 beschloß der Stadtrat, fließendes Wasser mittels Aquädukten und Bleiröhren in das hochgelegene Zentrum zu leiten – seit der Antike hatte es solche technisch-sozialen Gemeinschaftsleistungen nicht mehr gegeben. Mit der Gestaltung des Brunnens beauftragte man die prominentesten Bildhauer der Zeit, *Nicola Pisano* und seinen *Sohn Giovanni*. Die beiden Pisaner schmückten den dreischaligen Brunnen 1277/78 mit einem aufwendigen **Figurenprogramm**, einem absoluten Höhepunkt mittelalterlicher Profanplastik an der Schwelle zur Frühgotik. Am reizvollsten sind die Monatsdarstellungen der unteren Schale, die die jeweils passenden ›Arbeiten‹ und Sternzeichen tragen, z.B. eine höfische Minneszene im Mai, Weinlese im Herbst, das Schlachten im Dezember. Dazu kommen Personifizierungen der freien Künste sowie Greif (Wappentier Perugias) und Löwe (guelfisches Symbol). Am oberen Becken werden stadtgeschichtlich bedeutsame Figuren aus Antike und Christentum gezeigt. Besonders eindrucksvoll sind die thronende ›Roma‹ mit Krone, Löwenbrosche und streng fixierendem Blick sowie die ›Domina Laci‹, die Herrin des (Trasimenischen) Sees, die Fische präsentiert. Seit einigen Jahren befindet sich der Brunnen zwecks Restaurierung unter einer das mittelalterliche Platzensemble nicht gerade verschönernden Glasglocke. Wann die Arbeiten abgeschlossen sein werden, läßt sich nicht genau sagen.

Zwischen 1345 und 1490 entstand der Neubau des **Duomo San Lorenzo** ❷. Die Fassade – bis heute im Rohbauzustand – sollte ursprünglich wie die Flanke zur Piazza mit rotem und weißem Stein vom Monte Subasio (oberhalb Assisis) inkrustiert werden, zeigt aber ein von horizontalen Mauerstreifen beherrschtes, rauhes Antlitz. Die Architektur des Innenraums bietet eine Überraschung: San Lorenzo ist eine der wenigen **Hallenkirchen** Italiens, d.h. die Seitenschiffe sind gleich hoch wie das Mittelschiff. Dieses eher nordalpine Schema dürfte dank der Internationalität des Franziskanerordens nach Umbrien importiert worden sein. Rechts vom Eingang hängt die 1569 von *Federico Barocci* geschaffene ›Kreuzab-

Duomo San Lorenzo, Pozzo Etrusco, Palazzo dei Priori

nahme‹. Das vielkopierte Meisterwerk des Manierismus besticht durch schillerndes Kolorit und virtuose Komposition. Gleich links befindet sich die *Cappella del Sant' Anello*, Aufbewahrungsort des hl. Verlobungsrings Mariens. Nur einmal im Jahr, am 30. Juli, wird der Ring aus grünlicher Jade den Gläubigen gezeigt. Im rechten Querhaus befindet sich unübersehbar eine Sitzstatue *Leos XIII.* (1878–1903), der einst Erzbischof von Perugia gewesen war. Seine Sozialenzykliken riefen eine der erfolgreichsten politischen Strömungen der Moderne ins Leben: die Christdemokratie. *Innozenz III.* hingegen, mächtigster Papst aller Zeiten, der die deutschen Kaiser in ihre Schranken wies und der Kirche eine straff-hierarchische Organisation verpaßte, liegt vis-à-vis im schlichten Sammel-Papstgrab. Zum Abschluß ein Sprung nach Dresden: Richard Wagners gehaßter Vorgänger als königlich sächsischer Kapellmeister war Francesco Morlacchi aus Perugia, der ›letzte Italiener‹. Eine kleine deutschsprachige Gedenktafel für ihn hängt im linken Querschiff.

Etruskerfreunde sollten an der benachbarten Piazza Danti den unscheinbaren Eingang zum ältesten Stadtbrunnen nicht verpassen. Der ca. 40 m tiefe **Pozzo Etrusco** ❸ (April–Sept. tgl. 10–13.30 und 14.30–18.30 Uhr, Okt.–März Mo–Fr 10.30–13 und 14.30–16.30 Uhr, Sa/So 10.30–13.30 und 14.30–17.30 Uhr) aus dem 4. Jh. v. Chr. ist einer der typischen Bohrbrunnen, die vor dem Bau der Fontana Maggiore die Wasserversorgung von Perugia sichergestellt haben. Man steigt 4,50 m auf das antike Platzniveau hinunter. Dort sieht man den aus mächtigen Travertinblöcken aufgemauerten Brunnenrand mit zwei Balken, an denen noch die Gleitspuren der Seilwinde zu erkennen sind.

Ein faszinierender Spaziergang führt durch die steilen, von Schwibbögen überspannten Gassen hinter dem Dom, u. a. durch die **Via Maestà delle Volte** ❹. Im Dämmerlicht zwischen enganeinanderstehenden Häusern erkennt man Reste eines weiß-roten Portikus und einen Brunnen.

Der zu den prächtigsten Kommunalbauten Italiens zählende **Palazzo dei Priori** ❺, der ehem. Amtssitz der aus zehn Prioren bestehenden Stadtregierung, bildet die südliche Begrenzung der Piazza IV Novembre. Der Palast wird auf der dem Platz zugewandten Schmalseite von zwei bronzenen Wappentieren, dem guelfischen Löwen und dem perusinischen Greif, bewacht. Der Kern des Palazzos

Unter der Haube – seit einigen Jahren schon ist die Fontana Maggiore zwecks Restaurierung von der Außenwelt abgeschirmt, links daneben der Palazzo dei Priori

21

Perugia – Palazzo dei Priori

In der Sala dei Notari im Palazzo dei Priori fanden im Mittelalter Volksversammlungen statt, später kam hier die Zunft der Notare unter

entstand 1293–97. Nachdem man kurzerhand mehrere Adelshäuser enteignet hatte, wurde der Bau der Stadtregierung im 14. Jh. erheblich vergrößert. Ein umlaufender Zinnenkranz, herrliche filigrane hochgotische Palastfenster und ladenartige *botteghe* im Erdgeschoß – so wurden Wehrhaftigkeit, Prunk und Arbeitswelt in der architektonischen Selbstdarstellung der Stadtrepublik vereint.

Heute ist der Palast ein Konglomerat von Museen und Amtsräumen. Direkt unterhalb der zur Piazza gerichteten Loggia logiert die gutbestückte **Touristeninformation**. Über die große Freitreppe gelangt man in die **Sala dei Notari** (Di–So 9–13 und 15–19 Uhr), die zunächst Volksversammlungen offenstand, dann aber 1582 der Zunft der Notare zur Verfügung gestellt wurde. Die Decke ist mit z.T. sehr schlecht erhaltenen Fresken der römischen *Cavallini-Schule* (13. Jh.) ausgemalt, mit Fabeln, Monatsbildern und der Schöpfungsgeschichte.

Perugino, der bedeutendste Maler Umbriens, ist mit einigen seiner Werke in der Galleria Nazionale dell'Umbria vertreten – hier die ›Anbetung der Könige‹

Palazzo dei Priori, Galleria Nazionale dell'Umbria

Am Corso Vannucci liegen die Eingänge zum Collegio della Mercanzia und zum Collegio del Cambio. Diese gediegenen Amtsräume der vornehmsten Zünfte vermögen den Geist der handeltreibenden Renaissancegesellschaft eindringlich wiederzugeben. Das **Collegio della Mercanzia**, der fast hanseatisch wirkende Sitzungssaal der Kaufmannschaft, ist kostbar mit geschnitzten Nuß- und Pappelholzpaneelen getäfelt, die vermutlich von deutschen Wandergesellen ausgeführt wurden.

Die Zunft der Geldwechsler gehörte zu den mächtigsten Zünften Perugias und stellte seit 1385 sogar einen der zehn Prioren. In ihrem Sitz, dem **Collegio del Cambio** (Sommer Mo–Sa 9–12.30 und 14.30–17.30 Uhr, So 9–12.30 Uhr, Winter tgl. 8–14 Uhr), wird man daran erinnert, daß das Bankwesen eine italienische Erfindung ist – Wörter wie Giro, Konto oder Kasse geben davon Zeugnis. Das Collegio selbst ist berühmt wegen seiner Ausstattung. Höhepunkte sind in der *Sala dell'Udienza*, einem der gelungensten Profanräume der italienischen Renaissance, die wunderschönen Fresken *Peruginos* (1496–1500). Der einheimische Künstler, er hieß eigentlich Pietro Vannucci, hat hier ein humanistisches Bildprogramm geschaffen, in dem antike Exempel, christliche Heilslehren sowie Tugenden und Werte bürgerlichen Lebens in Gestalt von Personifikationen miteinander verwoben sind. So kann man etwa Sokrates als Vertreter von Weisheit und Gerechtigkeit, den Feldherrn Scipio Africanus als Vertreter von Stärke und Besonnenheit und dazwischen ein Selbstporträt Peruginos als *Egregius Pictor* (hervorragender Maler) bewundern.

TOP TIP Im obersten Stockwerk des Palazzo dei Priori ist die **Galleria Nazionale dell'Umbria** (Mo–Sa 9–19 Uhr, So 9–13 Uhr, 1. Mo im Monat geschl.) untergebracht, die bedeutendste Gemäldesammlung der Region. Hier kann man die umbrische Malerei und ihre Entwicklung zu einer der großen italienischen Schulen in aller Ausführlichkeit studieren. Die Sammlung kam übrigens durch die nach 1860 erfolgte Säkularisierung vieler umbrischer Klöster und Kirchen zustande. Der Bogen spannt sich von byzantinisierenden Tafeln des 13. Jh. über wichtige Werke der Renaissance bis ins 18. Jh. Der bedeutendste umbrische Maler *Perugino* ist mit einigen Haupt-

Ganz bescheiden nennt sich Perugino in seinem Selbstporträt im Collegio del Cambio »Hervorragender Maler«

Egregius Pictor Perugino

»Hervorragender Maler« nennt sich Perugino in seinem **Selbstporträt** *im Collegio del Cambio. Zu Recht, denn »dieser einmalige und unvergleichliche Meister der Wandmalerei, dessen Werke einen süßen, engelsgleichen Anhauch« besitzen, war damals auf der Höhe seiner Kunst und galt als* **erster Maler Italiens**. *Wenig später sollte ihn die neue Generation, sein Schüler Raffael und Michelangelo, der ihn öffentlich einen Tölpel in der Kunst nannte, überholen.*

1445 als **Pietro Vannucci** *in ärmsten Verhältnissen in Città della Pieve geboren, lernte er unter bohemehaften Verhältnissen, in einer Kiste nächtigend, in Perugia und in Florenz bei Andrea Verrocchio. Mit seinen klaren, ausgewogenen Kompositionen und den eleganten Figuren, die er vor einen Landschaftshintergrund (der meist seine umbrische Heimat erkennen läßt) stellte, machte er sich alsbald einen Namen. Aufträge führten ihn nach Florenz und Rom, wo er an der Ausmalung der* **Sixtinischen Kapelle** *beteiligt war. Mit den gewaltigen Veränderungen des 16. Jh. vermochte der alternde Maler indes nicht Schritt zu halten. Um 1510 verließ er Florenz, um während seiner letzten Lebensjahre in seiner umbrischen Heimat unbedeutende Dorfkirchen auszumalen. In Fontignano in der Nähe seiner Geburtsstadt starb er 1523.*

Perugia – Galleria Nazionale dell'Umbria, Rocca Paolina, San Severo

Hier gibt es den besten Kuchen Perugias und noch mehr – Pasticceria Sandri

werken vertreten, z. B. der ›Anbetung der Könige‹, die durch eine fast flämisch wirkende Detailsorgfalt besticht (am linken Bildrand Selbstporträt), und die ›Madonna della Consolazione‹, die zeigt, wieviel der junge Raffael seinem Lehrer Perugino verdankt. Daneben besitzt die Galleria Nazionale Gemälde sienesischer und florentinischer Maler. Weitere Meisterwerke der Sammlung sind die Darstellung der ›Madonna mit Kind‹ von *Duccio di Buoninsegna* (um 1300), das Polyptychon ›Madonna mit Kind und Heiligen‹ von *Fra Angelico* (1437) sowie das Polyptychon ›Madonna mit den hll. Franziskus, Antonius, Elisabeth und Johannes dem Täufer‹ von *Piero della Francesca* (1460/70).

Nach ausgiebigem Kulturgenuß bietet sich die unter Denkmalschutz stehende **Pasticceria Sandri** ❻ von 1860 für eine Cappuccinopause an. Das Schweizerkreuz auf der Tasse und die Engadiner Nußtorte in der Auslage erinnern übrigens an die Graubündner Herkunft der Gründer.

Anschließend geht es zur *passeggiata* auf den Corso Vannucci, dem täglichen Laufsteg der Perusiner. An der **Piazza Italia** ❼ hat sich die junggeeinte Nation mit Risorgimento-Pathos verewigt: Nach der Schleifung der päpstlichen Rocca Paolina errichtete man hier Paläste und Denkmäler. Die gesamte Südseite wird vom Palazzo della Provincia (1870, *Alessandro Arienti*) eingenommen, die Regierung der Region Umbrien residiert gegenüber im Palazzo Donnini (1716–24, *Pietro Carattoli*). Im **Giardino Carducci** ❽, benannt nach dem italienischen Literatur-Nobelpreisträger Giosuè Carducci, sitzt man im Schatten des Perugino-Denkmals (Enrico Quattrini, 1923) und genießt den herrlichen Blick vom Belvedere. Das Panorama reicht von Assisi und den sibyllinischen Bergen bis zum westlichen Hügelland, hinter dem sich der Trasimenische See verbirgt.

Gleich bei der Piazza Italia befindet sich auch der Eingang zur ›Unterwelt‹: Von hier führen Rolltreppen in die faszinierenden Substruktionen der **Rocca Paolina** ❾, der von Antonio da Sangallo d. J. konzipierten päpstlichen Zwingburg. Ein ganzes Viertel mit den Palästen der Guidalotti- und der Baglioni-Familie ließ der zürnende Papst Paul III. nach dem Salzkrieg 1540 mit dieser Festung überbauen. Sie wurde nach 1860 geschleift. Übrig blieb ein Labyrinth unterirdischer Gassen, das heute u. a. für Kunstausstellungen genutzt wird. Man wandert vorbei an den Überresten mittelalterlicher Häuser, Geschlechtertürme und Kirchen. Einer der Ausgänge liegt bei der **Porta Marzia** ❿, einem etruskischen Stadttor mit römischem Skulpturenschmuck. Von hier führen die Via Marzia und die Via Oberdan wieder ins Zentrum zur **Piazza Matteotti** mit dem langgestreckten *Palazzo dell' Università vecchia* (1453–83). Bereits 1200 war die Universität von Perugia gegründet worden. Bis Anfang des 19. Jh. hatte sie hier ihren Sitz, wurde dann aber an die Via Francesco Innamorati verlegt. Im anschließenden *Palazzo del Capitano del Popolo* (1472–81) residierte einst die Polizeigewalt Perugias. Doch die meisten Besucher kommen wegen des **Mercato Coperto** ⓫, der dreistöckigen überdachten Markthalle. Die 1932 errichtete Anlage hat nur vormittags geöffnet.

Nördliche Oberstadt

Über die Piazza Danti und die Piazza Piccinino gelangt man in den höchstgelegenen Teil der Oberstadt. Hier beherbergt die **Chiesa San Severo** ⓬ das einzige Raffael-Fresko Perugias. 1505 erhielt der damals noch unbekannte Maler den Auftrag, die Chorwand der kleinen Kamaldulenserkirche auszumalen. Er stellte aber nur das obere Register mit der ›Trinità‹,

San Severo, Arco di Augusto

Gemeinschaftsproduktion – nach dem Tod seines Schülers Raffael 1520 vollendete Perugino die Fresken der ›Trinità‹ in San Severo

der Dreifaltigkeit, und sechs auf Wolken thronenden Heiligen (darunter Ordensgründer Romuald) fertig. Besonders die beiden lieblichen Engel verraten die geniale Handschrift des Malers, der bald darauf in Rom Karriere machen sollte. Nach dem frühen Tod Raffaels (1483–1520) vollendete sein greiser Lehrer Perugino 1520 den Auftrag und schuf die sechs Heiligen im unteren Register in seinem fahrigen Altersstil.

Von San Severo führt die Straße zur **Piazza Michelotti** ⑬, dem auf 500 m gelegenen höchsten Punkt der Stadt. Auf der sich anschließenden baumbestandenen Piazza Rossi Scotti lohnt eine kurze Rast mit Panoramablick auf den nördlichen Teil der Oberstadt. Dann geht es weiter über die steile Treppenrampe zur Piazza Fortebraccio hinunter.

Hier erhebt sich der mächtige **Arco di Augusto** ⑭, das antike Haupttor Perugias. Der Doppelbogen ist größtenteils etruskisch und wird ins 3./2. Jh. v. Chr. datiert. Nach dem Perusinischen Krieg ließ Octavian die Inschrift AUGUSTA PERUSIA anbringen. Die Rundschilde im Metopenfries sind ein in Perugia häufig

Steiler Aufstieg – die Erkundung der hügeligen Altstadt von Perugia erfordert Kondition und Ausdauer, Serpentinenweg nahe der Università per stranieri

25

Perugia – San Michele Arcangelo, Oratorio di San Bernardino

Der kleine frühchristliche Zentralbau San Michele Arcangelo zählt zu den interessantesten Kirchenbauten Perugias, die Grünfläche davor zu den beliebtesten Picknickplätzen

zitiertes Architekturmotiv. Rechts vom Tor hat sich ein Stück der etruskischen Stadtmauer erhalten.

Ein paar Schritte weiter erhebt sich der elegante barocke **Palazzo Gallenga-Stuart** ⑮, der im 18. Jh. für die Familie Antinori errichtet wurde. Hier soll der Komödiendichter *Carlo Goldoni*, dessen Vater als Arzt in Perugia praktizierte, zum ersten Mal eine Lesung gewagt haben. Seit 1926 ist der Palast Sitz der **Ausländeruniversität** und zieht Sprachstudenten aus aller Welt an. Heute reicht das Angebot von Italienischkursen bis zu Film- und Etruskologieseminaren. Rund 8000 Studenten schreiben sich jährlich ein (Info-Tel. 075 57 46-211, -219, Fax 07 55 73 20 14).

Von der Piazza Fortebraccio führt der stark befahrene Corso Garibaldi zu **Sant'Agostino** ⑯. Die Fassade der 1260 erbauten Kirche zeigt im unteren Bereich die für Perugia typischen geometrischen Rot-Weiß-Muster. In dem 18. Jh. barockisierten Innenraum ist besonders das Renaissance-Chorgestühl sehenswert. Einen Besuch lohnt auch das benachbarte barocke Oratorio mit vergoldeter Schnitzdecke (17. Jh.). Doch Ziel des Weges ist die am nördlichen Ende der Oberstadt direkt an der Stadtmauer gelegene **San Michele Arcangelo** ⑰. Der frühchristliche Zentralbau, innen rund, außen 16 eckig, wurde um 500 n. Chr. unter Verwendung antiker Säulen aus Granit und grünlich gemasertem Cipollino errichtet. Beachtung verdienen außer den schönen Kapitellen auch der ebenfalls aus Spolien bestehende Altar. Die zypressenbestandene Grünfläche vor der Kirche bietet sich für ein Picknick an.

Durch den Arco di Augusto und die steile Via Ulisse Rocchi, in der die gutbestückte **Enoteca Regionale dell'Umbria** zu einer Weinprobe verlockt, geht es zurück ins Zentrum zum Duomo und dem Palazzo dei Priori. Unter einem Bogen dieses Palazzo führt die belebte und geschäftsreiche Via dei Priori abwärts. Auf der rechten Seite findet man eines der wenigen Beispiele für umbrischen Barock, die Oratorianerkirche **San Filippo Neri** ⑱ mit geschwungener Fassade über doppelter Freitreppe. Sie bewahrt die Herzreliquie des römischen Heiligen. Der einstmals reiche Bilderschmuck, u. a. Gemälde Guido Renis, wurde von der Soldateska Napoleons nach Frankreich entführt.

Vorbei an mittelalterlichen Kirchlein, Türmen und Toren sowie modernen Rolltreppen gelangt man schließlich auf einen großen Rasenplatz. Genau der richtige freie Raum für die einst in ganz Mittelitalien reißenden Zustrom findenden Volkspredigten des sittenstrengen Franziskaners *Bernardino da Siena*, dem hier nach seiner Heiligsprechung 1450 das **Oratorio di San Bernardino** ⑲ errichtet wurde. Die Fassade der Kirche schuf der Florentiner Agostino di Duccio *all'antica*,

26

Oratorio di San Bernardino, San Domenico

d. h. er bildete sie einem römischen Triumphbogen nach. Die Flachreliefs mit Wundern des hl. Bernhardin lohnen eine vertiefende Betrachtung. Aus der Fülle seien zwei Details herausgehoben. Im mittleren Relief über dem Türsturz bewegt der Heilige die Perusiner durch seine Predigt zum Frieden, während ein Teufel aus dem Scheiterhaufen entweicht. Reizvoll ist auch die Schafherde auf den Pilastern, die sich vor dem Christusmonogramm des hl. Bernhardin verneigt. Die benachbarte riesige Kirche San Francesco al Prato (um 1230) ist heute Ruine. Links dahinter präsentiert das zur Akademie der Bildenden Künste gehörige **Museo dell'Accademia di Belle Arte** [20] (Mo–Sa 10–13.30 Uhr) eine große Gipsabdrucksammlung sowie eher drittklassige umbrische Gemälde und Stiche vom 16. Jh. bis zur Gegenwart.

Auf dem Rückweg kann man am 1780 errichteten **Teatro Morlacchi** [21] vorbeischlendern, das nach wie vor bespielt wird. Sehenswert sind die Logen des frühklassizistischen Innenraums.

Südliche Unterstadt

Wieder auf dem Corso Vannucci angelangt, lohnt schließlich noch ein Streifzug durch die südliche Unterstadt. Vom Mercato Coperto führt rechter Hand eine steile Rampe hinunter zu der auf antiken Fundamenten ruhenden Porta Cornea. Gleich rechts schmiegt sich die Kirche **Sant'Ercolano** [22] an die etruskische Stadtmauer. Das Obergeschoß des 1297–1326 errichteten Gotteshauses wurde beim Bau der Rocca Paolina abgetragen, weil es den Päpsten die freie Sicht ins Tal versperrte. Der Innenraum dient heute als Gedenkstätte für gefallene Soldaten.

Auf dem Corso Cavour geht es weiter zur mächtigen Kirche **San Domenico** [23]. Dieser gigantische Bettelordensbau wurde ab 1305 von den Dominikaner-Baumeistern *Fra Corrado* und *Fra Nicola* als Hallenkirche mit drei gleich hohen Schiffen begonnen. Als sie 1614 einstürzte, übernahm *Carlo Maderna*, Baumeister des Petersdoms in Rom, die barocke Neugestaltung. Der helle, monumentale Kirchenraum wird optisch dominiert von dem farbig eingelegten 21 m hohen Chorfenster des 15. Jh., das 24 Heilige darstellt. Es ist das größte Glasfenster Italiens nach denen des Mailänder Doms.

In den fünf Chorkapellen wurden die ursprünglichen Kreuzrippen wieder freigelegt. Ein edles Werk ist das dunkle, 1476–98 geschnitzte Renaissance-Chorgestühl. Ebenfalls in der Hauptkapelle befindet sich die von dem Bolognesen Alessandro Algardi geschaffene Büste der Elisabetta Cantucci (1648). Vor der Kapelle bezeichnet eine Bodenplatte die Gräber der Baglioni, des führenden Adelsgeschlechts Perugias in der Renaissance. In der rechts angrenzenden Chorkapelle ruht *Papst Benedikt XI.*, der 1304 in Perugia an vergifteten Feigen starb. Sein katafalkartiges Wandgrab, dessen Vor-

Die frühe Morgensonne taucht die südliche Unterstadt mit den beiden Kirchen San Domenico und San Pietro in ein märchenhaftes Licht

Perugia – San Domenico, San Pietro, Ipogeo dei Volumni

hang Engel beiseite ziehen, vereint florentinische und pisanische Einflüsse.

Im ehem. Kreuzgang des Dominikanerklosters wartet das selten besuchte **Museo Archeologico** ㉔ (Mo–Sa 9–13 und 14.30–19 Uhr, So 9–13 Uhr) mit einer umfangreichen Sammlung prähistorischer und antiker (etruskischer und römischer) Funde auf. Highlights sind verschiedene *Bronzeschmuckstücke*, der *Cippus von Perugia* (ein Grenzstein mit dem drittlängsten bekannten etruskischen Text) und ein *Stinksteinsarkophag* (pietra fetida) des 5. Jh. v.Chr. aus Chiusi.

Die mittelalterliche **Porta San Pietro** ㉕ wurde von *Agostino di Duccio* 1475 in ein zweibogiges Renaissance-Triumphtor verwandelt. Dahinter liegt links die altehrwürdige Basilika **San Pietro** ㉖, in der im Mittelalter immer wieder einmal Päpste residierten. 969 geweiht, wurde sie im 13. und 14. Jh. durchgreifend erneuert. Der düstere dreischiffige Innenraum wird von bläulichen antiken Bardiglio- und Granitsäulen geschmückt, die Flachdecke wurde 1556 prunkvoll vergoldet. Berühmt ist San Pietro für den Reichtum an Gemälden. Der Grieche *Antonio Vassilacchi*, Schüler Tintorettos, schuf die großflächigen alt- und neutestamentarischen Bilder des Obergadens und der Eingangswand, weitere Werke (auch in der Sakristei) stammen von *Guercino*, *Guido Reni* und *Giorgio Vasari*. Das Chorgestühl (1526–91) mit den possierlichen Bestien und Sphingen auf den Stuhlwangen gilt als das schönste Umbriens. Krönender Abschluß der Besichtigung ist der Blick vom Apsisbalkon über die weite umbrische Landschaft.

TOP TIP Eines der schönsten etruskischen Gräber, das **Ipogeo dei Volumni** ㉗ (Mo– Sa 9.30–12.30 und 15–17 Uhr, So 9.30– 12.30 Uhr; meist nur 5 Besucher auf einmal), liegt im östlichen Vorort Ponte San Giovanni (Autobus Linie 3 von Piazza Partigiani). Das hausartige Schachtgrab wurde 1840 entdeckt. In den um ca. 150–30 v.Chr. entstandenen Grabkammern (cubicula) wurden Mitglieder der vornehmen Sippe der Volumnier, darunter Publius Volumnius und Arnth Velimnas, bestattet. Letzterer ließ sich nach etruskischer Sitte wie ein Banketteilnehmer auf seinem Sarkophag liegend darstellen, während die engelsartigen Totendämonen Vanth und Culsu mit Fackeln Wacht halten.

Perugia verharrt nicht nur im Mittelalter. Wer moderne Urbanistik sehen will, muß in die Unterstadt bis nach Fontivegge fahren. An der Piazza Nuova (volkstümlich auch Piazza dei Baci) errichtete *Aldo Rossi*, Mailänder Stararchitekt mit Berlin- und Genua-Connections, 1988 ein postmodernes Forum mit dem **Palazzo della Regione** ㉘. Viel Marmor, Betonstelzen, klare Linien und Betonung der

---

Die Etrusker – Künstler des Grabes

Noch immer liegt über der etruskischen Kultur der Schleier des Geheimnisses: Die Haupthinterlassenschaft der Etrusker sind faszinierend schöne **Grabkammern**, *doch ihre* **Schrift und Sprache** *ist noch immer nicht ganz entziffert, und um ihre* **mythische Herkunft** *aus dem Osten hat die Wissenschaft Ströme von Tinte vergossen. Dazu kommen die erotischen Mysterien ihrer Grabmalerei und schockierende Eßgewohnheiten: Die Etrusker aßen mit ihren Frauen gemeinsam, ja lagen sogar auf demselben Speisesofa.*

Die Etrusker bildeten zwischen dem 8. und 4. Jh. v.Chr. die **überlegene Kultur** *in Mittelitalien. Etruskischer Adel hat Rom in der frühen Königszeit beherrscht und bis in die Kaiserzeit ei-* *ne gesellschaftspolitisch wichtige Rolle gespielt. Ein typischer Vertreter der adels- und ahnenstolzen Etrusker war z.B. Mäzenas, der Freund Augustus' und Förderer Vergils. Doch im 1. Jh. n.Chr. verschwindet das Etruskische als eigenständige Kultur, wird vom Römisch-Lateinischen aufgesogen.*

Zentren der etruskischen Kultur, die nie einen festen Staatsverband, sondern nur in Kultgemeinschaft zusammengeschlossene Städte kannte, liegen durchaus nicht nur auf dem Boden der nach den Tusci (lat. Etrusker) benannten **Toskana**. *Gerade* **Latium** *(Tarquinia, Ververteri) und* **Westumbrien** *(Perugia, Todi und das ›Nationalheiligtum‹, der Hain von Volsinii) gehören zu den Kerngebieten der etruskischen Welt.*

Die Zeit der mächtigen Kommunalpaläste ist noch lange nicht vorbei – in Perugia entstand nahe des Bahnhofs der Palazzo della Regione

Fenster – im typischen Stil Rossis sind behutsame Anleihen an die faschistische Architektur unverkennbar.

Praktische Hinweise

Information: IAT, Palazzo dei Priori, Piazza IV Novembre 3, Tel. 07 55 73 64 58, 07 55 72 33 27; APT, Via Mazzini 21, Tel. 07 55 72 53 41, Fax 07 55 73 68 28

Hotels

**** Giò Arte e Vini, Via Ruggero d'Andreotto 19, Tel./Fax 07 55 73 11 00. Großzügiger Komfort in der Universitätsstadt. Passend zum Namen des modernen Hotels ist jedes Zimmer einem italienischen Wein und einem Künstler gewidmet.

**** La Rosetta, Piazza Italia 19, Tel./Fax 07 55 72 08 41. Traditionshotel mit Restaurant im Cortile und schönen Zimmern zum Corso Vannucci.

TOP TIP ****** Locanda della Posta**, Corso Vannucci 97, Tel. 07 55 72 89 25, Fax 07 55 73 25 62. Schon Goethe nächtigte hier 1786. Nach der jüngsten Renovierung präsentiert sich das zentral am Corso gelegene Hotel schick und geschmackvoll.

*** Fortuna, Via Bonazzi 19, Tel. 07 55 72 28 45, Fax 07 55 73 50 40. Angenehmes, freundliches Hotel in unmittelbarer Nähe zum Corso Vannucci.

** Primavera Mini Hotel, Via Vincioli 8, Tel. 07 55 72 16 57, Fax 07 55 72 76 81. Mit acht Zimmern das kleinste Hotel in der Altstadt.

Ostello della Gioventù, Via Bontempi 13, Tel./Fax 07 55 72 28 80. Jugendherberge beim Dom für Alt und Jung. Mit Küche für Selbstversorger.

Restaurants

TOP TIP **Dal mi' cocco**, Corso Garibaldi 12, Tel. 07 55 73 25 11. Perusinisch bis zur Dialektspeisekarte. Geröstete Gans und andere Schmankerln preisgünstig bei der Ausländeruniversität (Mo. geschl.).

Garibaldi, Via Caporali 12, Tel. 07 55 72 77 88. Rustikale Weinstube. Antipasti, Salami und umbrischer Pecorino (So geschl.).

L'Escargot, Scalette Sant'Ercolano, Tel. 07 55 73 58 51. Spargel-Crostini und Trüffel-Bistecca im historischen Zentrum der Stadt (Di geschl.).

Osteria dell'Olmo, Strada Olmo, Stazione Ellera 8, Tel. 07 55 17 91 40. Ausflugslokal, das auf Trüffel- und Lammgerichte spezialisiert ist (Mo. geschl.).

Pasticceria Sandri, Corso Vannucci 32, Tel. 07 55 72 41 12. Das Schweizer Traditionscafé offeriert neben Kuchen mittags in elegant-qualvoller Enge auch verfeinerte umbrische Küche (Mo geschl.).

Von Orvieto nach Città di Castello – über den Ufern des Tiber

Umbrien ist Tiberland. Auch wenn der *Tevere* meist durch Schilfdickicht verdeckt romwärts eilt – einige der schönsten Städte Umbriens liegen hoch über seinen Ufern. Neben Perugia vor allem die malerische alte Etruskermetropole **Orvieto**. Ihren in Tuffgrotten gealterten Wein schätzten bereits die Päpste, die die Stadt zu ihrer Residenz erkoren und den juwelenhaft bunten Duomo S. Maria Assunta über den für Orvieto typischen gelben Häusern hochzogen. Weniger Kunst als Wohlfühlen pur ist in der Hügelstadt **Todi** angesagt. Und wer den Tiber, der im toskanischen Bergland entspringt, ganz hautnah erleben will, muß zu den Kanutenclubs von **Città di Castello** in der nördlichen *Alta Valle Teverina* fahren.

2 Orvieto *Plan Seite 32/33*

Leben in und auf einem gewaltigen Fels aus Tuff.

Kunst vom Feinsten, goldgelber Wein vom Feinsten und eine einzigartige landschaftliche Lage: Orvieto erstreckt sich auf einer riesigen *Tuffknolle*, die die Stadt immer wieder vor Eroberungen geschützt und zugleich das Baumaterial für seine ebenfalls goldgelben Häuser geliefert hat. Weitgehend verkehrsberuhigt, ist Orvieto eine Stadt zum Spazierengehen und Entdecken: Die fantastische Kulisse des golden funkelnden Doms mit den frisch restaurierten packenden Weltgerichtsfresken *Luca Signorellis*, Panoramablicke in die Rebhügel und Ölberge, spannende Ausflüge in die Brunnen und Grotten der Unterwelt. Dazwischen erstklassige Restaurants und Shoppingmöglichkeiten vom handgeschnitzten Pinocchio bis zur glasierten Renaissance-Majolika. Schon im Mittelalter fühlten sich die Päpste in der alten Etruskerstadt ausgesprochen wohl, und auch heute gibt es zahlreiche Gründe, es den vielen römischen Wochenendtouristen gleichzutun.

◁ *Orvieto erhebt sich auf einem gewaltigen Tuffkegel* (**oben**), *Sockelreliefs am Duomo S. Maria Assunta – nach dem Sündenfall droht Adam und Eva der Rauswurf aus dem Paradies* (**Mitte**), *Goldene Mosaike aus dem Marienleben an der Domfassade* (**unten**)

Geschichte Das seit dem 2. Jahrtausend v. Chr. besiedelte **Volsinii** war die Hauptsiedlung der Etrusker. Unterhalb des Tuffpilzes dürfte das *Fanum Voltumniae* gelegen haben. Dieser heilige Hain war das kultische Zentrum, in dem sich jährlich alle etruskischen Städte zu *Festspielen* trafen. 264 v. Chr. nahmen die Römer nach einjähriger Belagerung die ausgehungerte Festung ein, töteten die Adligen und siedelten den Rest der Bevölkerung in dem 13 km entfernten **Bolsena** an. Kostbarste Kriegsbeute waren 2000 etruskische Bronzestatuen.

Im Mittelalter galt Orvieto als eines der **politischen Zentren** Italiens. Die Päpste, vom selbstbewußten römischen Stadtadel nur widerwillig in der Heiligen Stadt geduldet, schätzten Orvieto als sichere Residenz. Berühmt ist die Flucht des Medici-Papstes *Clemens VII.* 1527, der sich hier vor den Rom plündernden deutschen Landsknechten verschanzte und im selben Jahr den Trinkwasserbrunnen Pozzo di San Patrizio bohren ließ. Zugleich tobten auch in Orvieto die **Geschlechterkriege** unter Führung der mächtigen Familien *Filippeschi* und *Monaldeschi*, die Dante in der ›Divina Commedia‹ als besonders furchtbar erwähnt. Während der Auseinandersetzungen im Jahr 1286 wurden sogar Frauen und Kinder von den Felsklippen gestürzt.

Um so friedlicher verlief die neuere Geschichte Orvietos. Jahrhundertelang in den friedlichen Schlaf der Provinz ver-

Von Orvieto nach Città di Castello – Orvieto

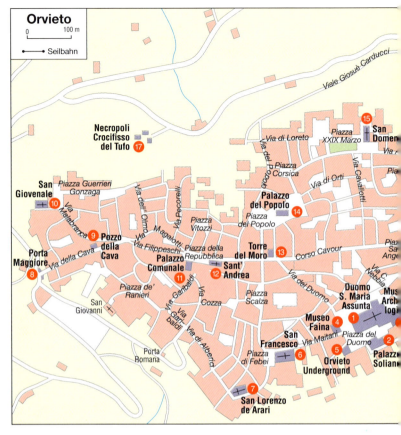

sunken, erwachte die Stadt erst durch den Tourismus- und Orvietowein-Boom der letzten Jahre zu neuer Blüte.

Besichtigung   Es empfiehlt sich, das Auto in der Unterstadt beim Bahnhof zu parken und mit der modernen Standseilbahn (*funicolare*) in die Oberstadt zu fahren, wo regelmäßig Mini-Shuttle-Busse verkehren.

> **TOP TIP**   Der **Duomo S. Maria Assunta** ❶, dessen Fassade in farbigen Mosaiken funkelt, verdankt seine Gründung und seine prunkvolle Ausstattung dem Meßwunder von Bolsena. Denn das *Corporale*, das mit Christusblut befleckte Meßtuch, wird in einer Kapelle des Doms ausgestellt.

Die Grundsteinlegung der Basilika erfolgte 1290 durch *Papst Nikolaus IV.* persönlich. Das spätromanische Langhaus mit der charakteristischen Schwarz-Weiß-Bänderung aus Bagnoregio-Lava und lokalem Travertin geht wahrscheinlich auf Pläne des Florentiner Dombaumeisters *Arnolfo di Cambio* zurück. Typisch umbrisch sind die *torrioni*, die turmartigen Nischen, die den Außenbau seitlich verstärken.

Die entscheidende gotische Prägung ist *Lorenzo Maitani* zu verdanken. Der aus Siena stammende Bildhauer und Architekt übernahm 1305 die Bauleitung und entwarf die kostbare Fassade nach dem Vorbild der Domfassade seiner Heimatstadt: Sie wirkt, als sei juwelengeschmückte Goldschmiedekunst in gigantische Architektur transponiert worden. So erscheint der gesamte Dom als Mega-Reliquiar der Christus-Blut-Hostie. Das Bildprogramm der Fassade entspricht dem Namen des Doms: Mariä Himmelfahrt. Die Mosaike, die das Leben der Gottesmutter darstellen (u. a. die ›Geburt Mariä‹ im Wimperg des rechten Seitenportals, die ›Verkündigung‹ oberhalb des linken Seitenportals und die ›Marienkrönung‹ ganz oben), sind während des 17.–19. Jh. stark überarbeitet worden.

Orvieto

Den künstlerischen Höhepunkt der Fassade bilden die vier **Sockelreliefs** (1310–30), insbesondere die beiden äußeren, die Maitani und seiner Werkstatt zugeschrieben werden. Die Reliefs des ersten Pfeilers links erzählen die Schöpfungsgeschichte. Besonders reizvoll: die Tier- und Baumdarstellungen im unteren Bereich, die träumerisch wirkende Erschaffung Evas aus der Rippe Adams und rechts, an der umknickenden Bildkante, die Szene, in der sich Adam und Eva vor dem zürnenden Gott im Gebüsch ducken. Der zweite Pfeiler, im frühgotischen Stil der Bildhauerfamilie Pisano gearbeitet, präsentiert in den oberen Registern das charakteristische, gröber ausgearbeitete *non finito*. Die Szenen zeigen u. a. die Mosesgeschichte. In gleicher Manier erscheint der dritte Pfeiler mit Darstellungen aus dem Christus- und Marienleben. Ein sehenswertes Detail ist der kleine Drachen in der ›Flucht nach Ägypten‹. Eindringliche Szenen menschlicher Verzweiflung bietet Maitanis rechter Pfeiler

mit dem Weltgericht. Hier wird die Auferstehung des Fleisches und die Scheidung der Seligen und Verdammten in expressiven Nacktszenen geschildert. Auch den Höllenphantasien wird viel Raum gegeben.

Im **Inneren** offenbart sich der Dom von Orvieto als eine Mischung aus romanischer Baukunst und gotischem Fensterdekor. Die Raumwirkung beherrscht auch hier das farbige Steinmuster. Die arabisch-toskanischen Vorbildern entlehnte Schwarz-Weiß-Bänderung ist im oberen Teil nur aufgemalt.

Das Corporale wird in der großen querschiffartigen **Cappella del Corporale** links vom Chor aufbewahrt und nur zu Ostern und Fronleichnam öffentlich ausgestellt. Das Reliquiar, eine kostbare Goldschmiedearbeit *Ugolino da Vieris* (1338), steht links in einer Glasvitrine. Wandfresken Ugolino da Prete Ilarios erzählen die Geschichte des Corporale (rechts) und verschiedene Hostienwunder (links). In herrlichen Karmesintönen strahlt schließlich das 1320 von dem Sienesen Lippo Memmi geschaffene Gemälde der ›Schutzmantelmadonna‹, die unter ihrem hermelingefütterten Mantel Beter aller Stände vereint.

Pilgerstätte aller Kunstfreunde ist die vis-à-vis gelegene **Cappella di San Brizio** (Mo–Fr 10–12.45 und 14.30–17.15,

Corporale und Fronleichnam

Kaum ein Dogma trennt katholische und protestantische Kirchen so wie der Zungenbrecher **Transsubstantiation**. *Denn nach katholischer Lehre ist die Hostie beim Abendmahl nicht ein Symbol, sondern der* **reale Leib Christi**. *Für ein Mittelalter, das von reformatorischen Zweifeln nicht frei war, bot das* **Meßwunder von Bolsena** *den idealen Beweis für diese Lehre. Im Dom von Bolsena erlebte 1263 der skeptische Priester Peter von Prag, wie aus der Hostie Blut auf das Altartuch tropfte. Diese Corporale genannte Reliquie wurde in einer Prozession zu dem in Orvieto residierenden Papst gebracht. Die Reliquie nahm Urban IV. 1264 zum Anlaß, ein neues Kirchenfest zu etablieren:* **Fronleichnam** – *Corpus Christi.*

Von Orvieto nach Città di Castello – Orvieto

im Sommer bis 19.15 Uhr, So 14.30–17.15 Uhr), die nach jahrelanger Restaurierung wieder in frischen Farben erstrahlt. Der Toskaner *Luca Signorelli* (1441/50–1523) aus Cortona hat hier 1499–1502 ein Jahrhundertwerk geschaffen, das die sanfte toskanische Frührenaissance des Quattrocento (15. Jh.) in gewisser Weise abschließt und zur kraftvollen Manier der römischen Hochrenaissance des 16. Jh. überleitet. Zugleich ist der Zyklus ›**Das Ende der Welt**‹ auch ein bedeutendes geistesgeschichtliches Dokument: Nie zuvor wurde das Weltende so ausführlich geschildert.

Der Bilderreigen beginnt an der linken Wand mit den selten dargestellten ›*Taten des Antichrist*‹, dessen Auftreten hier das Weltgericht ankündigt: Der christusähnliche Betrüger läßt sich von einem Teufel mit korallenroten Hörnern die Stichwörter geben. Zu seinen Füßen liegen gehortete Goldschätze, um ihn herum versinkt die Menschheit in Gewalt. Ganz links unten hat der Maler sich selbst verewigt. Hinter ihm erscheint im Mönchshabit der Florentiner *Fra Angelico*, der 1447 mit der Ausmalung der Decke begonnen hatte, dann aber von Papst Nikolaus V. nach Rom gerufen wurde.

Die Eingangswand zeigt von Panik erfüllte Szenen des ›*Weltendes*‹, eindrucksvoll sind die gruseligen Verfärbungen des Himmels, vor dem Teufel Feuerstrahlen auf die Menschen schleudern.

An der rechten Wand fasziniert zunächst die berühmte ›*Auferstehung des Fleisches*‹, eine der großartigsten Nacktszenen der Renaissance. Aus einer kalten, grauen, fast wie Eis wirkenden Fläche tauchen die Toten wie benommen aus ihren Gräbern auf – besonders wirkungsvoll ist der Kontrast zwischen den Totengerippen und den athletischen Körpern der zum Leben erweckten. Die anschließende Szene ›*Die Verdammten*‹ bildet den Höhepunkt des Zyklus. Das Inferno ist als massives Knäuel ringender Teufel und Menschen inszeniert. Ein sadistisches Kaleidoskop mit Folter, Qualen und Absurditäten – im Himmel fliegt die Hure Babylon auf einem Teufel – hat Signorelli hier aufgeboten. Vergleichsweise steif und hölzern wirken die Engel, die die Verdammten abwehren.

In den Fresken der Altarwand schließlich werden die Verdammten von den Erlösten geschieden. Der vom Dämon gepeitschte Jüngling soll Michelangelo besonders beeindruckt haben. Die am stärksten der Darstellungstradition verhafteten Szenen mit der ›*Himmelfahrt der Erlösten*‹ schließen den großartigen Bildzyklus Signorellis ab.

Die **Piazza del Duomo** wartet mit wichtigen Museen auf. Gleich rechts neben der Kirche bezeichnet ein Papstwappen den wuchtigen **Palazzo Soliano** ❷, der 1297 von Papst Bonifaz VIII. errichtet wurde. Hier wird heute das Œuvre des Sizilianers *Emilio Greco* (1913–1995) präsentiert. Sein prominentester Kunde war Papst Johannes XXIII., dessen 6 m hoher Bozzetto (Rohmodell einer Statue) Blickfang des Museums ist. 1964–70 goß der Bildhauer die wegen ihres modernen Stils umstrittenen Domtüren. Die ebenfalls im Palazzo Soliano untergebrachten Sammlungen des *Museo dell'Opera del Duomo* sind zur Zeit geschlossen. Der etwas zurückgesetzte Palazzo Papale beherbergt das **Museo Archeologico** ❸ (Mo–Sa 9–13.30 und 14.30–19 Uhr, So 9–13 Uhr) mit einer Sammlung interessanter etruskischer Grabmalereien. Der Domfassade gegenüber liegt das **Museo Faina** ❹ (April–Sept. Di–So 10–13 und 15–19 Uhr, Okt.– März Di–So 10–13 und 14.30–17 Uhr). Hier sind etruskische Reliefs und die 3500 Stücke umfassende antike Vasensammlung des Grafen Faina zu bestaunen.

Wer gut zu Fuß ist und einen Schuß Abenteuerlust besitzt, sollte sich die vom Tourismusbüro IAT (Piazza del Duomo 24, tgl. 11 und 16 Uhr) angebotene Führung ›**Orvieto Underground**‹ ❺ durch die Tuffgrotten nicht entgehen lassen. Seit etruskischer Zeit haben die Bewohner Gänge und Kammern in dem porösen Gestein angelegt, ein kleiner Teil dieser Unterwelt ist seit einigen Jahren öffentlich zugänglich.

Die schmale Via Maitani führt vom Domplatz in die Altstadt. Wer originalgetreue hochwertige Nachbildungen etruskischer Bucchero-Vasen erwerben will, kann bei *Tiberi* gleich rechts in der Via Pedota vorbeischauen. Die einschiffige Bettelordenskirche **San Francesco** ❻ enthält ein Kreuz aus der Maitanischule. Das romanische Kirchlein **San Lorenzo de Arari** ❼ hingegen ist eine Fundgrube für Freskenfreunde (Episoden aus dem Leben des hl. Laurentius). Über Via di Alberici und Via Garibaldi erreicht man die Ripa Medici, einen der schönsten Spazierwege entlang der Felskante. Von der Museums-

Überdimensionales Reliquiar für das Corporale – die Fassade des Doms von Orvieto ist über und über mit Reliefs und goldenen Mosaiken übersät

Von Orvieto nach Città di Castello – Orvieto

Das rechte Maß aus den Augen verloren – die an der Piazza della Repubblica gelegene Basilika Sant'Andrea leistet sich einen etwas zu groß geratenen Campanile

kirche **San Giovanni**, in der heute Wechselausstellungen stattfinden, gelangt man schließlich zum alten etruskischen Stadttor **Porta Maggiore** ❽. Nicht nur für Fotografen lohnt die Besichtigung dieser wuchtigen Schneise im Tuffmassiv. Nicht weit entfernt trifft man auf der linken Seite der Via della Cava auf den Tuffgrottenkomplex **Pozzo della Cava** ❾ (Mi–Mo 8–20 Uhr, Sommer bis 21 Uhr). Kernstück der Anlage ist ein zeitgleich mit dem Pozzo di San Patrizio [s. S. 37] angelegter 25 m tiefer Brunnen, der jahrhundertelang verschüttet war. Im Mittelalter war hier eine Keramikwerkstatt eingerichtet, heute werden Nachbildungen einiger Fundstücke angeboten. Feierliche Stimmung vermittelt die altehrwürdige Kirche **San Giovenale** ❿ von 1004. Abgesehen von der Fülle von Freskenfragmenten verschiedener Jahrhunderte kann man links vom Seiteneingang einen Totenkalender für Gedenkmessen entdecken.

Nun geht es zurück ins Zentrum, zur Piazza della Repubblica: Der **Palazzo Comunale** ⓫ wurde erstaunlicherweise verkehrsgerecht gestaltet. Das im 16. Jh. von *Ippolito Scalza* umgebaute Regierungsgebäude hat einen Durchfahrtsbogen. Ebenfalls zur Piazza schaut die Kirche **Sant'Andrea** ⓬, die durch einen wehrhaften zwölfeckigen Campanile überrascht. Im Inneren sind die römischen Granitsäulen und eine Kosmatenkanzel sehenswert, von der aus *Papst Innozenz IV.* 1216 Friedrich II. zum Kreuzzug aufforderte.

Der Corso Cavour mit seinen kleinen Lebensmittelläden und Bars ist der beliebteste Treffpunkt der Orvietaner. **TOP TIP** Von der **Torre del Moro** ⓭ (Sommer tgl. 10–20 Uhr, Winter tgl. 10.30–13 und 14.30–17 Uhr), einem mittelalterlichen Geschlechterturm mit schönem Ausblick über Orvieto und das Umland, geht es links zur Piazza del Popolo, auf der samstagvormittags ein uriger Bauernmarkt stattfindet. Der 1157 begonnene **Palazzo del Popolo** ⓮ mit seiner hohen Freitreppe und dem für Orvieto typischen Schachbrettmuster aus Tuffwürfeln gehört zu den stolzesten Bauten Umbriens. Im Inneren ist heute ein modernes Kongreßzentrum untergebracht. Die Piazza bietet außerdem einen Porchettastand, an dem man sich mit kaltem gewürztem Spanferkel stärken kann.

Nur wenige Besucher finden den Weg zur Bettelordenskirche **San Domenico** ⓯, von der nach dem Langhausabriß 1934 nur das Querschiff mit fünf quadratischen Chorkapellen erhalten ist. Hier lebte einst der große dominikanische Scholastiker *Thomas von Aquin*, und hier sprach ein Kreuz zu ihm und lobte seine Bücher. Das ›Sprechende Kreuz‹ mit der Darstellung des schmerzverzerrten Gekreuzigten hängt heute gegenüber der Eingangswand. Als Höhepunkt mittelalterlicher Plastik gilt das von *Arnolfo di Cambio* geschaffene Grabmal des Kardinals de la Braye. Es folgt dem Typ des Katafalkgrabes, bei dem der Tote in einer Grabkammer liegt, deren Vorhänge von Diakonen beiseite geschoben werden.

Links von der Bergstation der Funicolare liegt ein frühes Technikdenkmal. Der **Pozzo di San Patrizio** ⑯ (Sommer tgl. 10–19 Uhr, Winter tgl. 10–18 Uhr) wurde 1527 auf Befehl des nach Orvieto geflohenen Medici-Papstes *Clemens VII.* 62 m tief in den Tuff gebohrt. Er sollte bei eventuell drohenden Belagerungen die Stadt mit Trinkwasser versorgen. Der Brunnenschacht ist mehrere Stockwerke tief durchfenstert und wird begleitet von zwei Wendeltreppen mit jeweils 248 Stufen, die sich auf dem Brunnengrund treffen. Der unterhalb des Tuffsteinsockels liegende Teil des Schachtes mußte gemauert werden. Vom Ausflug in die Unterwelt kann man sich anschließend im Park der nahegelegenen Zitadelle erholen, von der allerdings nur noch Mauerreste erhalten sind.

Archäologisch Interessierte können anschließend noch die am Fuße des Felsens gelegene etruskische **Necropoli Croci-**

Die Altstadt von Orvieto – größtenteils verkehrsberuhigt – lädt zum Bummeln ein, im Hintergrund der Torre del Moro

fisso del Tufo ⑰ aufsuchen. Hier wurden offensichtlich Prominente aus der gesamten etruskischen Welt bestattet. Schlußsteine, sog. *cippi*, die bei Männern zapfen-, bei Frauen zylinderförmig ausgebildet sind, markieren den oberen Abschluß der Gräber.

Einblick in die Unterwelt – der Pozzo di San Patrizio reicht 62 m tief in den Tuffkegel

Von Orvieto nach Città di Castello – Orvieto / Todi

Am Domplatz bieten sich Cafés und Restaurants für eine Rast an

Praktische Hinweise

Information: IAT, Piazza del Duomo 24, Tel. 07 63 34 17 72, Fax 07 63 34 44 33

Hotels

**** Aquila Bianca, Via Garibaldi 13, Tel. 07 63 34 22 71, Fax 07 63 34 22 73. Altehrwürdiges, leicht verstaubtes Traditionshotel hinter dem Palazzo Comunale.

 **** La Badia, Locanda La Badia 8, Tel. 07 63 30 19 59, Fax 07 63 30 53 96. Luxushotel in einem ehem. Kloster (13. Jh.) unterhalb der Stadt, umgeben von Weinbergen. Stilvolle Zimmer und erstklassiges Restaurant mit hauseigenem Orvietowein.

*** Grand Hotel Royal, Piazza del Popolo 25, Tel./Fax 07 63 34 12 47. Nicht jeder kann das Zimmer mit der Empirebadewanne haben, aber jeder kann die Ölgemälde im Frühstückssalon bewundern.

** Duomo, Via di Maurizio 7, Tel. 07 63 34 18 87, Fax 07 63 34 11 05. Billig, sauber, zentral. Mit geräumigen Zimmern.

Restaurants

Antica Cantina, Piazza Monaldeschi 18/19, Tel. 07 63 34 47 46. Einfache Einrichtung mit viel Holz und karierten Tischdecken, günstige deftige Platten und Wein (im Winter Di. geschl.).

Cantina Foresi, Piazza del Duomo. Der schnelle Schluck direkt am Dom. Weine aus eigenem Anbau sowie Brotzeit mit Salami und Trüffelkäse. Empfehlenswert ist auch der hochgeschätzte Öko-Orvieto *Decugnano dei Barbi*.

I sette consoli, Piazza Sant'Angelo 1/A, Tel. 07 63 34 39 11. Feines Familienrestaurant mit Gartenplätzen, erschwinglichen Preisen und ambitionierter umbrischer Küche. Kaninchen- und Linsenspezialitäten oder Perlhuhnbrust in Vin Santo (Mi geschl.).

Vissani, Civitella del Lago – Baschi, Strada statale nach Todi (ausgeschildert), Tel./Fax 07 44 95 03 96. Craxi mochte sie, Prodi mag sie auch: Die erlesene Küche des Fernsehkochpapstes Gianfranco Vissani hält auf Umbrisches wie in Speck gewickelte Trüffel mit Saubohnen. Preise: Mit dem Gegenwert einer Tankfüllung wird man hier nicht satt. Vorbestellung unbedingt empfohlen (Di und Aug. geschl.).

3 Todi *Plan Seite 40*

›Die lebenswerteste Stadt der Welt‹.

Eine großzügige Piazza mit wuchtigen Palazzi, Dom und Domtreppe, auf der in den Sommernächten das Leben tobt, altehrwürdige Kirchen, steile Gassen, kurzum: eine mittelalterliche Idealstadt, hoch über gewelltem Hügelland thronend. Überschaubar, ökologisch, menschlich und bürgerstolz. Ein entzückter amerikanischer Professor aus Kentucky hat Todi 1991 kurzerhand zur lebenswertesten Stadt der Welt erklärt. Die Einheimischen lassen sich den daraus resultierenden sommerlichen Tourismusboom gern gefallen, wenn sie auch manchmal über die nach oben schießenden Immobilienpreise murren.

Geschichte   Ein Adler, der noch heute das Stadtwappen ziert, soll das antike **Tular** gegründet haben. Der etruskische Name bedeutet Grenze, und genau dort, im Grenzgebiet zwischen umbrischem und etruskischem Siedlungsgebiet, lag die Stadt. Gegen 340 v. Chr. bemächtigte sich Rom Todis, das 218 v. Chr. auf römischer Seite gegen Hannibal kämpfte.

Der strategisch günstigen Lage und den starken Befestigungsmauern hatte es die Stadt zu verdanken, daß die Völkerwanderung an ihr vorbeizog. Auch Fried-

Todi

Natur und Architektur im Einklang – das mittelalterliche Städtchen Todi fügt sich harmonisch in die hügelige Landschaft ein

rich II. vermochte es 1240 nicht, das guelfische Todi einzunehmen. Im Mittelalter entwickelte sich die Stadt zu einem Zentrum franziskanischer Kultur: Der Mönch *Jacopone da Todi* (1230–1306) war einer der ersten, die auch italienisch dichteten. Unvergeßlich ist er freilich durch seinen lateinischen Kreuzhymnus *Stabat Mater* geworden.

Bereits im 14. Jh. setzte ein politischer und wirtschaftlicher Niedergang ein, der erst mit dem Tourismusboom der letzten Jahre ein Ende gefunden hat.

Besichtigung Die leicht ansteigende **Piazza del Popolo**, das noble Zentrum von Todi, lädt zu genußvollem Verweilen ein. Ihre obere Schmalseite wird von der über einer hohen Freitreppe aufwachsenden Domfassade eingenommen, vis-à-vis bilden festgefügte Kommunalpalazzi das Gegengewicht städtischer Machtreprä-

Der blockhafte Duomo S. Maria erhebt sich über einer breiten Freitreppe

Von Orvieto nach Città di Castello – Todi

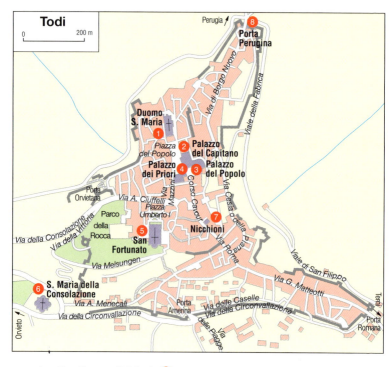

sentation. Der **Duomo S. Maria** ❶ entstand im wesentlichen im 13. Jh., doch ist die Fassade eigentlich nie richtig fertig geworden. Dafür können Freunde romanischer Baukunst an der Apsis hübsche Details ausmachen. Das Innere mit dem offenen Dachstuhl war wohl ursprünglich auf Wölbung angelegt. Einen Blickfang bildet *Ferraù da Faenzas* ›Jüngstes Gericht‹ von 1596 an der Eingangswand, ein Kolossalschinken im Stile Michelangelos. In der *navatina*, dem 4. gotischen Seitenschiffchen, hängt ein beschauliches Bild *Giannicola di Paolos*, ›Madonna mit Kind und den hll. Rochus und Katharina‹ (Anfang 16. Jh.). Ein Schiffsmodell im linken Seitenschiff erinnert an den Märtyrerpapst *Martin I.* aus Todi. Er wurde 653 vom byzantinischen Kaiser gekidnappt und auf die Krim verschleppt.

Die drei Kommunalpaläste bilden ein interessantes Architekturensemble aus der Zeit, als Todi eine Stadtrepublik war. Der Ende des 13. Jh. errichtete **Palazzo del Capitano** ❷, Sitz der Polizeibehörde, besticht durch die gotischen Prunkfenster im Piano Nobile. Eine Freitreppe führt hinauf zum benachbarten **Palazzo del Popolo** ❸ (Anfang 13. Jh.). Im Palast, ein wuchtiger Block von romanischer Strenge, tagte der Stadtrat. Der Ende des 13. Jh. entstandene **Palazzo dei Priori** ❹, Sitz der jeweiligen Regierung, nimmt die Schmalseite des Platzes ein. Päpstliche Gouverneure setzten dem Palast im 16. Jh. Renaissancefenster ein.

Geballte städtische Power – gleich drei Kommunalpaläste demonstrieren die Stärke des mittelalterlichen Todi

Jetzt wird abgerechnet – das ›Jüngste Gericht‹ an der Eingangswand des Doms

Rechts davon erreicht man nach wenigen Schritten die Piazza Jacopone. An der anschließenden Piazza Umberto I erhebt sich über einer bepflanzten Rampe die große Franziskanerkirche **San Fortunato** ❺. Sie wurde 1292 unter Federführung des in Paris ausgebildeten Kardinals *Matteo d'Acquasparta* begonnen und zeigt Tendenzen der französischen Gotik. Detailreicher Figurenschmuck kennzeichnet die Fassade (1415–58), zwischen den Akanthusspiralen erkennt man die ›Stigmatisation des hl. Franziskus‹ sowie nackte Groteskfiguren. Das Innere mit seinen drei gleich hohen Schiffen offenbart sich als weite Hallenkirche. Die später eingezogenen Schwibbögen sollten die zu starke Außenneigung der Pfeiler abfangen. Die Seitenkapellen gehören zu den frühesten in Italien. Sie wurden von Familien finanziert, die sie dann als Grabkammern nutzen durften. In der 4. Kapelle auf der rechten Seite befindet sich ein Fresko ›Madonna mit Kind und zwei Engeln‹ von *Masolino da Panicale* (1432), in der 6. eine Franziskusvita im Stile Giottos. In der Krypta wurde neben dem hl. Fortunatus auch *Jacopone da Todi* bestattet. Die Grabinschrift des 1306 verstorbenen Mystikers nennt irrtümlich das Jahr 1296.

Der benachbarte Park der 1503 geschleiften päpstlichen Rocca bietet einen schönen Blick auf die Kuppel der Renaissancekirche **S. Maria della Consolazione** ❻. Über einen Serpentinenweg erreicht man in ca. 10 Min. das Wahrzeichen von Todi, dessen Bau 1508 unter *Cola da Caprarola* begonnen wurde. Später zog man so prominente Architekten wie *Baldassare Peruzzi*, *Antonio da Sangallo d.J.* und *Vignola* hinzu. Sie alle verwirklichten ein Ideal der Renaissance: den perfekten Zentralbau, wie ihn Bramante und Michelangelo ursprünglich auch für den Petersdom vorgesehen hatten. Über quadratischem Grundriß, der durch vier Apsiden kleeblattförmig erweitert ist, erhebt sich eine mächtige Kuppel. Hier kombiniert sich Antikes (Pantheon), Frühchristliches (Grabeskirche in Jerusalem) und Byzantinisches mit dem humanistischen Streben, Architektur auf einfachste stereometrische Formen zurückzuführen, um desto reiner die harmonische Proportion als Abbild der göttlichen Vernunft wirken zu lassen. Nach dem grandiosen Akkord des Außenbaus enttäuscht der Innenraum ein wenig – die Kuppel kommt weit weniger zur Geltung, als man erwarten würde. Die Apostelstatuen (17. Jh.) in den unteren

Von Orvieto nach Città di Castello – Todi

Der perfekte Zentralbau, verwirklicht von Cola da Caprarola in S. Maria della Consolazione in Todi

Nischen stammen aus der Schule Ippolito Scalzas.

In der Oberstadt lassen sich noch weitere Entdeckungen machen. Über den Corso Cavour erreicht man die Via Roma mit den **Nicchioni** ❼, großen römischen Travertinnischen, die vermutlich einen Sakralbau des 1. Jh. n.Chr. stützten. Weiter nördlich liegt der hübsche Stadtbrunnen Fonte Scarnabecca von 1241, und wer den langen Weg durch die Via Cesia/Borgo Nuovo nicht scheut, wird am Ende ein malerisches Stadttor, die **Porta Perugina** ❽, fotografieren können.

Praktische Hinweise

Information: IAT, Piazza Umberto I 6, Tel. 07 58 94 26 86, Fax 0 75 89 4 24 06

Hotels

**** **Fonte Cesia**, Via Lorenzo Leoni 3, Tel. 07 58 94 37 37, Fax 07 58 94 46 77. Bestes Hotel im Zentrum, aufwendig renoviert.

**** **Poggio d'Asproli**, Frazione Asproli 7, Tel./Fax 07 58 85 33 85. Kleines, luxuriöses, von Olivenbäumen umgebenes Landgut. Mit Himmelbetten und Sauna.

*** **Villa Luisa**, Via Angelo Cortesi 147, Tel. 07 58 94 85 71, Fax 07 58 94 84 72. Idyllisches Parkhotel am Stadtrand mit schönem Garten und Spielplatz.

Proietti Serenella, Via del Monte 17, Tel. 07 58 94 32 31. Privatzimmer, zentral gelegen, mehrtägige Buchung erwünscht.

Restaurants

Antica Hosteria della Valle, Via Ciuffelli 19, Tel. 07 58 94 48 48. Hier kann man tudertinische Schmankerln in uriger Atmosphäre genießen: Wildtauben und hausgemachte Nudeln gleich bei San Fortunato.

Enoteca San Lorenzo, Via San Lorenzo 1, Tel. 07 58 94 44 00. Gute Weinauswahl und saisonale Spezialitäten wie Wildspargel, Trüffel und Geflügel (Mi geschl.).

Umbria, Via S. Bonaventura 13, Tel. 07 58 94 23 90. Berühmtes Traditionslokal mit gemütlichem Speiseraum, offenem Kamin und Sommerpergola. Zu den Spezialitäten des Hauses gehören Crostini, Trüffel und zarte Bistecca (Di geschl.).

4 Deruta

Mekka für Keramikliebhaber.

Trotz seiner etwas ernüchternden industriellen 50er-Jahre-Atmosphäre ist Deruta besonders für Keramikfreunde ein lohnendes Ziel. Seit 1290 werden hier Majolika und Fayencen in aufwendiger traditioneller Handarbeit gefertigt und in alle Welt exportiert. Vorbild für die heutige Produktion sind meist noch immer Renaissance- und Frühbarockmuster. Den interessantesten Einblick in dieses Kunsthandwerk vermittelt das **Museo Civico della Ceramica** (Di–So 10–13 und 15–18 Uhr) an der Piazza dei Consoli im kleinen mittelalterlichen Zentrum. Gezeigt werden die sog. *Deruteser Brautteller* aus dem 16. Jh., die als Hochzeitsgeschenke beliebt waren und noch heute Höchstpreise auf Auktionen erzielen, ferner Prunkteller mit Porträts der Auftraggeber.

Besonders reich ausgestattet mit moderner religiöser Keramik ist eine der Kapellen in der zentralen **Chiesa San Francesco**. Weiterhin birgt die Kirche Fresken der Umbrischen und Sienesischen Schule des 14./15. Jh.

Hunderte von Votivtäfelchen aus Deruta-Majolika bedecken schließlich das Innere der **Chiesa Madonna di Bagno** (ca. 3 km außerhalb, Richtung Todi, meist vormittags geöffnet, Tel. 0 75 97 34 55), die zu einem Franziskanerinnenkonvent gehört. Der Überlieferung zufolge wurde die kleine Wallfahrtskirche an jener Stelle errichtet, an der ein Franziskanermönch ein zuvor gefundenes wundertätiges Madonnenbild in einer Astgabelung einer Eiche anbrachte. Die etwa 600 Keramiktäfelchen thematisieren die verschiedenen Wunder, die das Madonnenbild in der Folge vollbrachte.

5 Torgiano

Alles Lungarotti oder was?

Bei der Alitalia gibt es ihn, in erstklassigen italienischen Restaurants in aller Welt gibt es ihn auch: Die Rede ist vom Wein der Winzerfamilie **Lungarotti**, der führenden Cantina Umbriens. Und ihre Heimat Torgiano ist ein Paradebeispiel für cleveres umbrisches Marketing, das Traditionalismus, Stolz auf einheimische Produkte, Hochglanzwerbung und internationales Business mühelos zu kombinieren scheint. Denn wer in das verschlafene Dorf Torgiano kommt, tut es irgendwie

Echte Handarbeit – in Deruta werden Vasen und Teller mit viel Liebe zum Detail bemalt

immer wegen des Lungarotti-Imperiums. Entweder er nächtigt privat oder als Kongreßteilnehmer im luxuriösen Agriturismo Le Tre Vaselle, tafelt im angeschlossenen Feinschmeckerrestaurant, oder er besichtigt das **Museo del Vino** (Sommer tgl. 9–13 und 15–19 Uhr, Winter tgl. 9–13 und 15–18 Uhr). Hier hat reger Sammlergeist fast alles über umbrischen Wein zusammengetragen: von antiken Tonkrügen bis zu teurer Renaissancekeramik, von Flaschenetiketten bis zu historischen Schwarzweißfotos.

Ein in Vergessenheit versunkenes umbrisches Städtchen lockt wenige Kilometer östlich: Das 353 m hohe **Bettona** wird von einer Zyklopenmauer aus Sandsteinblöcken des 4. Jh. v. Chr. umgeben. Den Besucher erwarten keine besonderen Sehenswürdigkeiten, dafür aber ein weiter Panoramablick über die Valle Umbra.

Praktische Hinweise

Hotels
***** **Le Tre Vaselle**, Via Garibaldi 48, Tel. 07 59 88 04 47, Fax 07 59 88 02 14. Etwas steril-internationaler Luxus. Unitalienisch üppiges Frühstück.

Von Orvieto nach Città di Castello – Torgiano / Città di Castello

Torre Burchio, Bettona,
Tel. 07 59 86 93 46, Fax 0 75 98 71 50.
Um dieses Hotel anzusteuern braucht man ein gutgefedertes Auto. Zimmer und *Cucina Umbra* tief im Wald (von Bettona ausgeschildert).

6 Città di Castello

Abstrakte Kunst in einem mittelalterlichen Palast und modernen Tabakhallen.

Diese Stadt im oberen Tibertal entspricht so ganz und gar nicht dem gängigen Erscheinungsbild einer mittelalterlichen umbrischen Siedlung. Città liegt behäbig, fast toskanisch in der Ebene. Hier lebt man vom Tabakanbau und paddelt abends auf dem Tiber. Touristen sind bestaunte Mangelware. Dabei gibt es hier zahlreiche Attraktionen. Die Renaissancepaläste der Familie Vitelli, die ersten Kunstwerke Raffaels und das wohl bedeutendste Museum zeitgenössischer Kunst in Italien. **Alberto Burri**, gebürtiger Tifernate (so werden die Einwohner genannt) und international geschätzter Altmeister der *Arte Povera*, hat seine Stoff-, Plastik- und Teercollagen in riesigen, schwarzgestrichenen Tabaktrockenhallen ausgestellt. Absolut faszinierendes Museumsdesign!

Markant – ein sechseckiger Zentralbau und ein runder Campanile heben den Dom aus der Stadtsilhouette Città di Castellos heraus.

Geschichte Die Römer schätzten *Tifernum* wegen der Heilwasserquellen als Villenort. Während der Völkerwanderung äscherte Ostgotenkönig Totila die Siedlung ein, die bald unter neuem Namen wiedererstand. Die verwickelte Geschichte der mittelalterlichen Geschlechterkämpfe wurde im 15. Jh. durch die Signoria, die Alleinherrschaft einer Familie, abgelöst: Die *Vitelli* spickten die Stadt mit ihren Palästen und Stierwappen und arrangierten sich auch mit Cesare Borgia. Als Mäzene förderten sie Künstler wie *Raffael*, *Signorelli* und *Rosso Fiorentino*, deren Werke in der renommierten Pinakothek ausgestellt sind. Ab dem 19. Jh. forcierte man den Tabakanbau. Noch heute wird in Città di Castello hauptsächlich der hochwertige, aromareiche *bright*, edelster Verschnittabak, geerntet und verarbeitet. Doch auch mittelständische Möbel- und Modeunternehmen verschaffen den ca. 40 000 Einwohnern Arbeit.

Besichtigung Die Piazza Garibaldi wird vom größten der vier Vitelli-Paläste, dem **Palazzo Vitelli a Porta Sant'Egidio** ❶ (16. Jh.), beherrscht. Die Fassade entwarf ein Prominenter: Giorgio Vasari, der ›Vater der Kunstgeschichte‹ (1511–1574), der die Biographien aller großen Renaissancemaler und -bildhauer schrieb und selbst vielseitig künstlerisch tätig war. Bei einem Spaziergang durch den Garten des Palastes stößt man auf ein kleines Lustschloß, die *palazzina*.

Im benachbarten **Palazzo Albizzini** ❷ kann ein Teil jener Sammlung, die *Alberto Burri* seiner Heimatstadt gestiftet hat, besichtigt werden (Di–Sa 9–12.30 und 14.30–18 Uhr, So 9–13 Uhr): serielle Montagen aus geschmolzenen Plastiksäcken und andere Werke aus den 1940er bis 80er Jahren. Nicht weit entfernt liegt an der Piazza Raffaello Sanzio die **Chiesa San Francesco** ❸ (13. Jh., Umbau 18. Jh). In ihrem Inneren befand sich einst eines der Hauptwerke *Raffaels*, das ›Verlöbnis Mariens‹. Der Besucher muß sich heute mit einer Kopie des von Napoleon in die Mailänder Brera verschleppten Originals trösten. Weiterhin sehenswert sind die 1560 angebaute *Cappella Vitelli*, die auf Pläne Giorgio Vasaris zurückgeht, und die bunte Terrakottagruppe am 1. Altar links, die die ›Stigmatisation des hl. Franziskus‹ darstellt (um 1500, Della-Robbia-Schule).

In der Via Mazzini können die kostbaren Leinenarbeiten der **Tela Umbra** ❹

Città di Castello

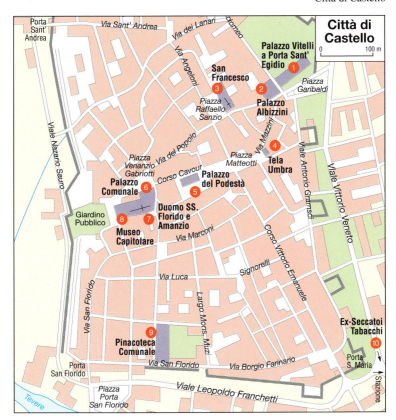

(Mo–Fr 9–12 und 15–17.30 Uhr) besichtigt werden. Die feinste Leinenweberei der Welt wurde aus der Not geboren: 1908 beschloß die philantropische Halbamerikanerin Alice Hallgarden Franchetti, die Armut der Bevölkerung durch Arbeitsplätze für Frauen zu lindern. Die traditionell auf Handwebstühlen gefertigten

Früher Zentrum der Macht, heute Zentrum des öffentlichen Lebens – Piazza Matteotti in Città di Castello mit Cafés und Restaurants sowie Geschäften

Von Orvieto nach Città di Castello – Città di Castello

Durchblick – die Stahlskulpturen Alberto Burris werden heute auf dem Gelände alter Tabakhallen ausgestellt

Alberto Burri, Altmeister der Arte Povera

Eines vorweg. Burris Kunst ist abstrakt, konsequent abstrakt. Sie ist eine Kunst der **Farben und Materialien***, und sie bringt den sinnlichen Reiz der* **Wegwerfstoffe** *zur Geltung. Vor allem das erlesene Farbgefühl des Künstlers läßt diese Inszenierungen zum ästhetischen Erlebnis werden. Neben Siebdrucken schuf er bevorzugt Collagen aus einfachen, oft überraschenden Materialien wie Säcken, Teer und Plastikfolien. Ein weiteres Charakteristikum von Burris Kunst ist das Serielle.*

Seine **Bilderreihen** *mit nur geringen farblichen und kompositorischen Abwandlungen kommen durch die Hängung in den* **riesigen Tabakhallen** *besonders gut zur Geltung.*

Der umbrische Autodidakt Alberto Burri, der während seiner Kriegsgefangenschaft in Texas zu malen begann, blieb auch nach der Rückkehr in seine Heimatstadt Città di Castello nicht im Elfenbeinturm. So schuf er z.B. das offizielle Poster der Fußball-WM 1990 in Italien.

Erzeugnisse genießen internationales Prestige. So speisen z. B. die Päpste auf umbrischem Leinen.

Die weite **Piazza Matteotti**, prunkvolles Zentrum des städtischen Lebens, lädt mit ihren Bars zu einer Erfrischungspause ein. Optisch wird sie dominiert von der barocken Seitenfassade des **Palazzo del Podestà** ❺. Die gotische Hauptfront des von Meister *Angelo da Orvieto* errichteten Gebäudes ist vom Corso Cavour aus zu sehen. Dieser führt zur Piazza Venanzio Gabriotti mit dem ebenfalls gotischen **Palazzo Comunale** ❻, von dem aus noch heute die Geschicke der Stadt gelenkt werden. Rechts daneben lohnt der **Duomo SS. Florido e Amanzio** ❼ einen Besuch. Der im 11. Jh. begonnene Bau ist während der Renaissance nach florentinischen Plänen umgestaltet worden. Das gotische Seitenportal in der unvollendeten Barockfassade zeigt Heilige, Putti und Tugenden. Der runde Campanile auf der rechten Seite datiert ins 13. Jh. Im Inneren gilt *Rosso Fiorentinos* ›Verklärung Christi‹ mit ihrem kostbar anmutenden Kolorit als ein Hauptwerk des toskanischen Manierismus. Unter den Zeugen des Wunders hat der Künstler auch einen Mohren gemalt. Das **Museo Capitolare** ❽ (April–Juni tgl. 10.30–13 und 15–17.30 Uhr, Juli–Sept. tgl. 10–13 und 16–18.30 Uhr) rechts neben dem Dom wartet mit zwei Prunkstücken auf: einem silbernen Paliotto (Altarvorsatz) des 12. Jh. mit Szenen aus dem Christusleben und dem Schatz von Canoscio, einer Sammlung liturgischer Geräte aus dem 5./6. Jh.

Die Via dei Cascari führt schließlich zum *Palazzo Vitelli alla Cannoniera*, der die **Pinacoteca Comunale** ❾ (Sommer

Di–So 10–13 und 15.30–19 Uhr, Winter Di–So 10.30–13 und 15.30–18 Uhr), die nach Perugia bedeutendste Gemäldegalerie Umbriens, beherbergt. Neben Werken *Lorenzo Ghibertis* und *Luca Signorellis* ist man besonders auf Raffaels frühestes Werk stolz, eine mit der Schöpfung Evas und Heiligenfiguren bemalte Pestfahne (*gonfalone*). Sehenswert sind ferner die manieristischen Treppenhausfresken mit musizierenden Damen, darunter eine tubablasende Afrikanerin. Von hier ist es nur ein Katzensprung zum Tiber, an dessen Ufern die Kanutenclubs von Città di Castello ihre Liegeplätze haben.

TOP TIP Am Viale Orlando außerhalb der Stadtmauern beherbergen die **Ex-Seccatoi Tabacchi** ⑩ das faszinierendere der beiden Burri-Museen (Öffnungszeiten wie Palazzo Albizzini, am besten dort anmelden). In den schwarz gestrichenen, noch immer leicht nach Nikotin duftenden Tabaktrockenhallen kommt der serielle Charakter von Burris Kunst voll zum Tragen.

Ein interessanter Abstecher führt von Città di Castello in die an der toskanischen Grenze gelegene skurrile Republik **Cospaia**. Ein ungenau formulierter Grenzvertrag zwischen dem Kirchenstaat und Florenz ermöglichte 1440 die Gründung eines *Miniaturstaates*. Die Grenze zwischen den beiden Machtbereichen sollte ein Graben sein, doch da es deren zwei gab, erklärte man kurzerhand das dazwischenliegende Territorium für unabhängig. Als Schmugglerparadies bestand die mickrige Republik Cospaia bis 1826. Immerhin: Hier wurde 1575 zum ersten Mal in Italien Tabak kultiviert.

Praktische Hinweise

Information: Via Sant' Antonio 1, Tel. 07 58 55 48 17, Fax 07 58 55 21 00

Hotels

**** **Tiferno**, Piazza Raffaello Sanzio, Tel. 07 58 55 03 31, Fax 07 58 52 11 96. Das frischrenovierte Traditionshotel bietet Jahrhundertwende-Charme und ambitionierte umbrische Küche. Ein Haus mit Flair.

** **Umbria**, Via dei Galanti, Tel. 07 58 55 49 25, Fax 07 58 52 09 11. Günstiges, aber nüchternes Hotel. Hier kocht die Mamma selbst.

Restaurants

Locchi, Via del Popolo 5, Tel. 07 58 55 49 28. Eine tifernatische Institution am Markt, die den Geldbeutel schont. Nicht nur für seine Grillhühner berühmt (Mo geschl.).

Trattoria Lea, Via San Florido 38, Tel. 07 58 52 16 78. Freundliche Traditionstrattoria mit vorzüglicher Bistecca und guten Pilznudeln (Mo geschl.).

Erntezeit – schon seit Ende des 16. Jh. wird die Tabakpflanze in Città di Castello und Umgebung angebaut

Il Trasimeno – idyllische Inseln und malerische Uferstädtchen

Eine weich geschwungene Hügellandschaft, silberglänzende Olivenhaine, bescheidene Badeetablissements im Stil der 60er Jahre und kleine Städtchen: Der an der Grenze zur Toskana gelegene **Lago Trasimeno** ist eines der großen Camperparadiese Italiens und im Sommer fest in deutscher Hand. Trotz der Haupteinnahmequelle Tourismus geht das Leben hier noch seinen beschaulichen Gang. Naturfreunde, Fahrradfahrer, Hobbyangler oder Wanderer kommen bei Streifzügen entlang der schilfreichen Ufer ebenso auf ihre Kosten wie Kunstfreunde bei Stadterkundungen: Unweit des Trasimenischen Sees, in **Panicale** und in **Città della Pieve**, locken Meisterwerke des bedeutendsten umbrischen Malers Perugino.

7 Lago Trasimeno

Plan Seite 50

Camperidyll und Naturreservat im Herzen Italiens.

Wäre es nach Caesar oder Napoleon gegangen, würde es eine der größten touristischen Attraktionen Umbriens gar nicht geben. Denn beide planten, den **größten See** der italienischen Halbinsel trockenzulegen, um Ackerland zu gewinnen. Lediglich die Voralpenseen (*Gardasee, Comersee, Lago Maggiore*) übertreffen den Trasimenischen See an Ausdehnung. Seine Fläche beträgt 128 km^2, sein Umfang 45 km, seine (schwankende) größte Tiefe aber nur 6 m. Durch tektonische Senkung der Erdkruste entstanden, wird er nicht nur in den Wintermonaten durch Bäche gespeist. Schon die Römer gruben einen 1421 von Braccio di Fortebraccio und 1602 von Papst Clemens VIII. instandgesetzten Ablaufkanal, um Überschwemmungen vorzubeugen. In strengen Wintern kann der Trasimeno sogar zufrieren, wie zuletzt 1922.

Trotz des großen Touristenansturms und der gutausgebauten Wanderwege ist der Trasimeno ein einzigartiges Biotop geblieben, das als Naturreservat unter besonderem Schutz steht. Im Uferröhricht nisten u. a. Kormorane, Beutelmeisen und Eisvögel. Der Fischfang wird teilweise noch mit traditionellen Methoden betrieben. Königskarpfen, Hechte, Schleien und Aale stehen auf den Speisekarten der Trattorien rund um den See.

Wirklich stehengeblieben ist die Zeit auf den drei Inseln. Die kleinste, die **Isola Minore**, ist als Vogelschutzgebiet für Besucher gesperrt. Regelmäßig hingegen verkehren Linienboote von *Tuoro* und *Passignano* aus zur **Isola Maggiore** mit ihrem malerischen Fischerdörfchen. Die ganze Insel steht unter Denkmalschutz, behutsam von der Region Umbrien verwaltet: Vor den Fischerhäusern aus dem 15. Jh. trocknen die charakteristischen, *tofi* genannten Fischreusen, noch immer klöppeln die Frauen abends hochwertige Spitze. Spaziergänge führen zur romanischen Kirche San Salvatore, die einen Flügelaltar ›Madonna mit Kind‹ des Sienesen *Sano di Pietro* (um 1480) besitzt. Die Villa Isabella, ein umgebautes Kloster mit verwildertem Park, befindet sich in Privatbesitz. Auch die Isola Maggiore war franziskanischer Schauplatz. 42 Tage soll der hl. Franziskus im Jahre 1211 auf der damals unbesiedelten Insel so inbrünstig gebetet haben, daß er von zwei mitgenommenen Brotlaiben nur einen halben verzehrte. Ganz anders ist die Situation heute – denn die Insel wird eher aus kulinarischen Gründen angesteuert. Vor allem italienische Wochenendtouristen schwören auf die Karpfenkaviarspaghetti des Inselalbergos *Da Sauro*.

◁ *Ob Baden im See oder Spazierengehen an den schilfreichen Ufern, am Lago Trasimeno ist Erholung pur angesagt*

Il Trasimeno – Lago Trasimeno / Passignano sul Trasimeno

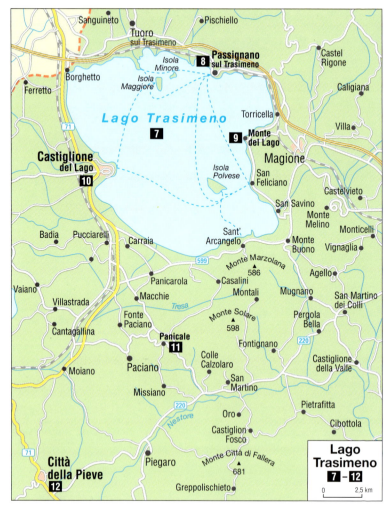

Einsamer geht es auf der unbewohnten, mit Pappeln und Ölbäumen bestandenen **Isola Polvese** zu. Diese größte Insel des Sees erreichen Wanderer und Badelustige mit der Fähre von San Feliciano aus. Die Provinz Perugia betreibt hier in einer Villa das Umwelt-Studienzentrum *Ambiente come Alfabeto* mit Naturlehrpfaden, die besichtigt werden können. In den Sommermonaten ist ein Restaurant geöffnet.

Praktische Hinweise

Hotel

*** **Da Sauro**, Isola Maggiore, Via Guglielmi 1, Tel. 0 75 82 61 68, Fax 0 75 82 51 30. Zwölf Zimmer auf der Insel und ein beliebtes Ausflugslokal mit Plätzen im Freien. Süßwasserfischantipasti, *spaghetti alle uova di carpa* (mit Karpfenrogen), fangfrischer *pesce di lago* und Schwarz-Weiß-Fotos von der Eisdecke 1922.

8 Passignano sul Trasimeno

Malerischer Ferienort mit modernem Yachthafen.

Das kleine, auf einem vorgelagerten Hügel am Seeufer gelegene Passignano bietet sich dank seiner Hotels und Campingplätze für einen längeren Aufenthalt am

Lago Trasimeno an. Anziehungspunkte für die zahlreichen italienischen und ausländischen Touristen sind die moderne Uferpromenade mit ihren Cafés und Geschäften sowie der schicke Yachthafen. Ganz in der Nähe des Seeufers ragt eine *moderne Fliegerskulptur* aus dem Wasser und erinnert daran, daß Passignano seit 1922 Sitz einer Flugzeugwerft ist. Die kleine mittelalterliche Oberstadt wird von einem verfallenen **Castello** bekrönt. Der Blick von hier oben reicht weit über den Trasimenischen See.

Besonders lohnt ein Besuch in Passignano am letzten Sonntag im Juli, wenn die Stadtviertel bei einem Bootsrennen zu Wasser und zu Lande ihre Kräfte messen. Der *Palio delle Barche* zählt zu den größten und beliebtesten Volksfesten rund um den See.

Ausflug

Von Passignano aus bietet sich ein Abstecher nach **Castel Rigone** an. Auf 653 m Höhe gelegen, gewährt es eine grandiose Sicht auf den Trasimenischen See. Wer sich für rustikale Bauernkeramik interessiert, wird in den Werkstätten und Verkaufsläden des kleinen Bergstädtchens schöne Stücke finden. Am Ortsrand überrascht die Renaissancekirche *Madonna di Miracoli* durch ein 1512 skulptiertes Portal. Über dem Eingang zeigt ein Lünettenrelief eine ›Madonna mit Kind und Heiligen‹. Der Campanile stammt aus dem 19. Jh.

Praktische Hinweise

Hotels

*** **Kursaal**, Passignano, Via Europa 1, Tel. 075 82 80 85, Fax 075 82 71 82. Älteres, vor kurzem renoviertes Haus mit Speiseterrasse und Privatstrand im Pinienpark.

*** **Lido**, Passignano, Viale Roma 1, Tel. 075 82 72 19, Fax 075 82 72 51. Nüchtern und modern, aber in zentraler Lage direkt am See, gutes Fischrestaurant.

* **Florida**, Passignano, Via 2 Giugno 2, Tel. 075 82 72 28. Ruhiges Hotel mit Garten und Pizzeria am Rande des historischen Stadtzentrums.

Restaurant

Locanda del Galluzzo, Passignano, Locanda Trecine Castel Rigone, Tel. 075 84 53 52. Spezialitäten dieses Lokals sind Gnocchi mit Gänsesugo, Pecorino-Walnuß-Salat und Lammherz (Di und mittags (außer So) geschl.).

9 Monte del Lago

Hier vergnügte sich im 19. Jh. der bayerische König Ludwig I. mit seiner umbrischen Geliebten Marchesa Fiorenzi.

Monte del Lago mit seinen malerischen steilen Treppenwegen und Blumenrabatten liegt auf einem Felsvorsprung direkt

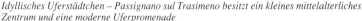

Idyllisches Uferstädtchen – Passignano sul Trasimeno besitzt ein kleines mittelalterliches Zentrum und eine moderne Uferpromenade

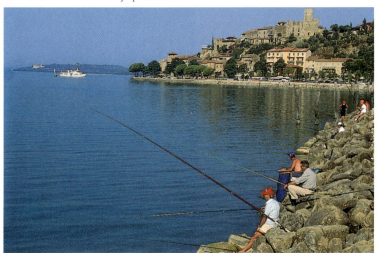

Il Trasimeno – Monte del Lago

Der Bayernkönig und die umbrische Philosophin

*Beim Karneval in Rom sah **Ludwig I.** die umbrische **Marchesa Luisa Fiorenzi** und entbrannte sofort in Leidenschaft zu ihr. Der König, ein großer Kenner weiblicher Schönheit, blieb der klugen Frau, die u.a. die Schriften des Philosophen Friedrich Wilhelm Joseph von Schelling ins Italienische übersetzte, ein Leben lang verfallen. Er nahm sie als einzige Italienerin in seine **Nymphenburger Schönheitengalerie** auf. Die beiden schrieben einander 6000 Briefe, die von Passion bis Seelenfreundschaft reichen. Zu einer längeren Verbindung kam es aus naheliegenden Gründen jedoch nicht, und die Perusina filosofa vermählte sich in zweiter Ehe mit einem Lord Waddington. Das tat der Freundschaft zu Ludwig I. jedoch keinen Abbruch, auch nach seiner Absetzung 1848 besuchte der Monarch Luisa Fiorenzi regelmäßig.*

über dem Ostufer des Sees. Bei einem Spaziergang durch die autofreie Altstadt geben die verwinkelten Gassen immer wieder faszinierende Blicke auf den Lago Trasimeno frei. Hauptsehenswürdigkeit des Ortes ist die **Chiesa Sant' Andrea**, die Fresken der Sienesischen Schule des 15. Jh. bewahrt.

Der Tourismus begann hier bereits 1823, als sich der bayerische *König Ludwig I.* mit seiner umbrischen Geliebten *Marchesa Fiorenzi* einquartierte. Und in der Villa Palombara trafen sich die Starkomponisten der italienischen Verismo-Oper: *Giacomo Puccini* demonstrierte seinen Kollegen *Umberto Giordano* und *Pietro Mascagni*, wie man waidgerecht Wildenten schießt.

Ausflüge

Hauptattraktion des wenige Kilometer landeinwärts gelegenen Industriestädtchens **Magione** ist das *Castello dei Cavalieri di Malta*. Das Hospiz, das Pilgerreisenden nach Rom als Zwischenstation diente, wurde im 15. Jh. zur stark befestigten Burganlage ausgebaut.

Wer sich über die traditionellen Fangmethoden der Fischer vom Trasimeno und über das ökologische System des Sees informieren möchte, sollte dem Hauptfischerort **San Feliciano** einen Besuch abstatten. Hier ist durch großes Engagement der Einheimischen das *Museo della Pesca* entstanden (März–Mai, Okt. tgl. 9.30–12 und 15–17.30 Uhr, Juni–Sept. 10–12.30 und 17–19.30 Uhr, sonst nach Vereinbarung, Tel. 07 58 47 92 61). In

Königliches Liebesnest – in Monte del Lago traf sich der bayerische König Ludwig I. mit seiner umbrischen Geliebten

Monte del Lago / Castiglione del Lago

Castiglione del Lago, die größte Stadt am Trasimenischen See, ruht auf einer Landzunge direkt am Ufer. Wahrzeichen ist die Rocca Leone

diesem kleinen Fischereimuseum werden Boote, Reusen, ausgestopfte Fische und historische Fotos gezeigt.

Die Vogelwelt des Sees, etwa die seltenen Bartmeisen und Seidenreiher, kann man wenige Kilometer südlich von San Feliciano bei **San Savino** beobachten. Im Naturschutzgebiet *La Valle* werden sachkundige Führungen durch das Schilfdickicht angeboten (Informationen unter Tel. 07 58 47 60 07).

Praktische Hinweise

Hotels

*** **Residence Ali sul Lago**, San Feliciano, Lungolago Nord, Tel. 07 58 47 92 46, Fax 07 58 47 92 52. Zentral gelegene Hotel- und Appartementanlage. Mountainbikeverleih.

** **Da Santino**, Monte del Lago, Via della Strage 14, Tel. 07 58 40 01 30, Fax 07 58 40 01 88. Kleineres Hotel mit gutem Fischrestaurant.

* **Albergo Ristorante da Settimio**, San Feliciano, Via Lungolago Alicata 1, Tel. 07 58 47 60 00. Alles F(r)isch im Fischerort! Das Restaurant gilt bei Umbrern und Römern als die beste Adresse für Trasimeno-Fisch. Lokale Spezialität ist *regina in porchetta* (Königskarpfen nach Spanferkelrezept zubereitet). 15 einfache Zimmer vorhanden (Do geschl.).

Camping

Villaggio Cerquestra, Monte del Lago, Tel. 07 58 40 01 00, Fax 07 58 40 01 73. Direkt am See gelegener Campingplatz mit Swimmingpool und Beachvolleyball-Feldern. Als besondere Attraktion werden Nachtkreuzfahrten angeboten.

10 Castiglione del Lago *Plan Seite 50*

Sehenswerte Altstadt auf einer Landzunge am Westufer des Sees.

Castiglione del Lago, mit fast 14 000 Einwohnern der größte Ort am Trasimenischen See, thront weithin sichtbar auf einer befestigten Landzunge aus Kalkstein am Westufer. Wahrzeichen ist die von Olivenhainen umgebene Festung **Rocca del Leone** (Löwenburg), die von einem 39 m hohen Bergfried überragt wird.

1550 wurde Castiglione von Papst Julius III. der Adelsfamilie *Della Corgna*, die mehrere Seefahrer hervorgebracht hat, zugesprochen. 1643 trat die Sippe den Ort an das Großherzogtum Toskana ab. Der **Palazzo della Corgna** beherbergt heute das Municipio (Rathaus), ist aber trotzdem zusammen mit der angrenzenden Rocca (April–Okt. tgl. 10–13 und 15–19 Uhr, Nov.–März Fr–So 9.30–16.30 Uhr) zu besichtigen. Manieristische Fresken von *Pomarancio* und seiner

Il Trasimeno – Castiglione del Lago

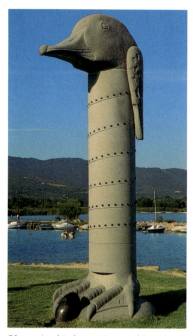

Phantasieschöpfung – eine von 27 modernen Skulpturen auf dem Sonnenfeld Campo del Sole in Tuoro sul Trasimeno

Schule erzählen u. a. von der Seeschlacht von Lepanto, an der Ascanio della Corgna teilnahm. Reizvoll ist der Rundgang auf den gut erhaltenen Bastionen des Kastells, das schöne Ausblicke auf den See bietet. Ganz in der Nähe der Piazza Mazzini birgt die **Chiesa della Maddalena** ein Hauptaltarbild im Stile des jungen Raffael: *Eusebio da San Giorgio* schuf die ›Madonna mit Kind und den hll. Antonius Abbas und Magdalena‹ im Jahre 1500.

Ausflüge

Nördlich von Castiglione, nahe **Borghetto**, lag einst die Staatsgrenze zwischen Kirchenstaat und Toskana. Im folgenden Uferabschnitt befindet sich das Feld, auf dem *Hannibal* 217 v. Chr. gegen die Römer eine der berühmtesten Schlachten der Militärgeschichte gewann. Der Flurname **Sanguineto** (*sangue* = Blut) erinnert noch heute an das blutige Gemetzel. Antikenfreunde sollten sich das 1996 eingeweihte *Centro di Documentazione permanente sulla Battaglia del Trasimeno ed Annibale* (Mo–Sa 9–12 und 16–18 Uhr, So 9–12) bei **Tuoro sul Trasimeno** nicht entgehen lassen. Von hier führt ein 4 km langer Lehrpfad zu den einzelnen Stationen der Schlacht und zu den Brandgruben für die Gefallenen.

Tuoro selbst, eher gesichtslos zersiedelt, wird meist nur als Fährhafen zu den Seeinseln angesteuert. Direkt am Strandbad, bei der *Punta Navaccia*, haben 1985–89 Künstler aus aller Welt einen modernen Akzent gesetzt. Auf dem Sonnenfeld **Campo del Sole** sind 27 phantasievolle Säulenskulpturen, die an indianische Totenpfeiler erinnern, in Form einer Spirale um einen Tisch mit Sonnensymbol angeordnet.

Praktische Hinweise

Information: IAT del Trasimeno, Castiglione, Piazza Mazzini 10, Tel. 07 59 65 24 84, Fax 07 59 65 27 63

Hotels

* **La Dogana**, Tuoro, Via Dogana 4, Tel. 07 58 23 01 58, Fax 07 58 23 02 52. Schon Hans Christian Andersen nächtigte hier. Geschmackvolle Appartements rund um die alte päpstliche Zollstation, die in schöner Natur oberhalb des Sees liegt. Gut geeignet für Reiterferien und Familienurlaub.

Hannibal ante portas

Im Zweiten Punischen Krieg marschierte **Hannibal** *nach der Alpenüberquerung auf Rom zu. Am Morgen des 24. Juni 217 v. Chr. lockte er das römische Heer unter* **Gaius Flaminius** *in der Ebene am Nordufer des Trasimenischen Sees in eine tödliche Falle. Im Schutz des Frühnebels besetzten die Karthager unbemerkt die Hügel, die die Ebene auf drei Seiten abschlossen, so daß es für die Römer kein Entrinnen gab. 15 000 römische Soldaten sollen bei der blutigen Schlacht den Tod gefunden haben. Livius berichtet: »... manche trieb die panische Furcht sogar dazu, schwimmend fliehen zu wollen (...) dort wurden sie von den feindlichen Reitern, die ins Wasser geritten waren, restlos niedergemacht. (...) Schließlich teilte die warme Sonne den Nebel. Da zeigten Berge und Felder in hellem Licht die verlorene Schlacht mit dem gräßlich niedergemachten römischen Heer.«*

Castiglione del Lago / Panicale

Wehrhaft – im kleinen Panicale sind die mittelalterlichen Häuser konzentrisch um den höchsten Punkt angeordnet

Le Quattro Stagioni, Castiglione, Locanda Palareto, Tel. 07 59 65 28 92, Fax 07 59 65 24 54. Jagen Sie Ihr Wild selbst! Grill, Wein aus eigenem Anbau und acht Betten vorhanden.

Camping
Polvese, Sant'Arcangelo di Magione, Tel. 0 75 84 82 00, Fax 0 75 84 80 50. Drei-Sterne-Campen am Südufer. Große schattige Stellplätze, Privatstrand, Tennis und Bocciabahn. Im Sommer Animation.

11 Panicale *Plan Seite 50*

Der Blick von Panicale auf den Trasimenischen See begeisterte vor knapp 500 Jahren bereits Perugino.

Das hoch über dem Trasimenischen See gelegene Panicale hat sich mit seiner komplett erhaltenen Stadtmauer und den Festungstürmen bis heute den Charakter eines mittelalterlichen Borgo bewahrt. Die Anordnung der Häuser in konzentrischen Ringen um den **Palazzo del Podestà** (14. Jh.), den höchsten Punkt von Panicale, verstärkt den Eindruck einer geschlossenen Stadtanlage. Zentrum ist die Piazza Umberto mit dem wappenverzierten Palazzo Pretorio und einem schönen Stadtbrunnen. Auf der anschließenden Piazza San Michele befindet sich in der gleichnamigen Kirche eine ›Anbetung der Hirten‹ von Giovanni Battista Caporali. Am Ortsrand, in der **Cappella San**

Im ›Land der Maler‹ entdeckt man in der tiefsten Provinz Meisterwerke: Perugino in der Cappella San Sebastiano in Panicale

Il Trasimeno – Panicale

Sebastiano, lockt eines der bedeutendsten Gemälde Peruginos, das 1505 entstandene ›Martyrium des hl. Sebastian‹. Wie dynamische Ballettänzer umschwirren vier Schergen, Armbrüste spannend, den nackten Heiligen. Im Bildhintergrund geben Arkaden den Blick frei auf das vom Maler verewigte Landschaftspanorama des Trasimenischen Sees.

In den Hainen rund um Panicale wird ein besonders edles Olivenöl produziert.

Ausflüge

Die Umgebung von Panicale bietet sich für einige reizvolle Spazierfahrten an. In **Piegaro** ist die jahrhundertealte Tradition der Flaschenbläserei noch immer lebendig, hier werden riesige *damigiani* (Ballonflaschen) für größere Weingebinde erzeugt. Im verträumten **Paciano** mit dem herrlichen Trasimeno-Blick kommen Freunde mittelalterlicher Festungsarchitektur voll auf ihre Kosten. Der Mauerring des 14. Jh. sieht noch immer aus wie die Idealstädtchen auf den Fresken der Umbrischen Schule. Ein Tip für Gourmets: Anfang Dezember wird hier die Olivenernte mit einem urwüchsigen Tavernenfest gefeiert.

Praktische Hinweise

Unterkünfte

*** Le Grotte di Boldrino, Panicale, Via Virgilio Ceppari 30, Tel. 075 83 71 61, Fax 075 83 71 66. Das restaurierte Kastell bietet moderne Zimmer und die gute umbrische Küche Attilio Spadonis.

* Osteria Umbra, Piegaro, Locanda Acquaiola, Via Pievaiola 81, Tel. 075 83 23 51, Fax 07 58 35 52 09. Preiswertes Landgasthaus mit sieben Zimmern und solider Küche.

La Fiorita, Panicale, Locanda Soderi, Tel. 07 58 35 00 29, Fax 07 58 35 00 25. Im Agriturismo von Ferruccio Lamborghini können Traktor- und Autofans einen leibhaftigen Lamborghini bestaunen. Nach dem Golfen stärkt man sich am Pool mit einem Glas hauseigenem roten *Sangre di Miura*.

Piazzola, Piegaro, Frazione Macereto, Tel. 07 58 35 84 55, Fax 07 58 35 96 21. Zwei Häuser mit Zimmern und Appartements in einem großen Park. Hier spricht man deutsch und heißt Kinder willkommen.

Restaurant

Locanda della Rocca, Paciano, Viale Roma 4, Tel. 075 83 02 36. Gourmets reisen von weither an, um in diesem kleinen umbrischen Städtchen Zucchinipudding, Wildtauben, Schafsricotta mit warmen Honig und vieles mehr zu genießen. Wer eines der sieben Locandazimmer ergattern will, braucht einiges Glück (Di geschl.).

Perugino auf der Spur – in Città della Pieve, dem Geburtsort des berühmtesten Malers, kann man einige seiner schönsten Werke besichtigen

Città della Pieve

Meisterhafte Hinterlassenschaft – im Oratorio di S. Maria dei Bianchi in Città della Pieve schuf Perugino die ›Anbetung der Könige‹

12 Città della Pieve *Plan Seite 50*

Geburtsort des berühmtesten umbrischen Malers Pietro Vannucci, besser bekannt als Perugino.

An Città della Pieve an der Grenze zur Toskana ziehen die Touristenströme meist vorbei. Dabei ist das saubere Hügelstädtchen über dem Chiani-Fluß ein ausgesprochener Insidertip für Kunstliebhaber. Denn **Perugino**, der berühmteste umbrische Maler, hat in seiner Heimatstadt zahlreiche Bilder hinterlassen.

Gleich auf dem Corso, der nach dem Maler benannten Via Pietro Vannucci, lockt im **Oratorio di S. Maria dei Bianchi** (Mai–Okt. Fr–So 10.30–12.30 und 16–19 Uhr) eines seiner schönsten Werke, die 1504 geschaffene ›Anbetung der Könige‹ (*Epifania*). Die symmetrische Komposition ist von gelungener Ausgewogenheit, die Farbigkeit der Gewänder edel und vielfältig, die Zeichnung der Gesichter abwechslungsreich und miniaturhaft fein. Folgt man dem Corso, gelangt man zum romanischen **Duomo**, der im 16. Jh. weitgehend erneuert und mit dem markanten Stadtturm *Torre del pubblico* verbunden wurde. Auch im Dom hat Perugino das Hochaltarbild mit den Stadtpatronen SS. Gervasio e Protasio und eine ›Taufe Christi‹ geschaffen. Die Stelle seines **Geburtshauses** auf der benachbarten Piazza Plebiscito ist durch eine Gedenktafel geschmückt.

Gotische Freskenmalerei kann man schließlich in der außerhalb der Stadtmauern gelegenen **Chiesa San Francesco** bewundern. Das ausdrucksstarke Kreuzigungsbild ›Das Weinen der Engel‹ stammt von einem sienesischen Künstler des 14. Jh. Als weltliches Kontrastprogramm kann man anschließend noch den finsteren *Vicolo Baciadonne* aufsuchen, mit einer Breite zwischen 50 bis 60 cm die wohl engste Gasse Italiens.

Praktische Hinweise

Unterkünfte
** **Vannucci**, Via Icilio 1, Tel. 05 78 29 80 63. Erstes und einziges Hotel am Platz, mit Garten und Restaurant.
Oasi Virginia Centurione Bracelli, Via Vannucci 42, Tel./Fax 05 78 29 80 45. Komfortables religiöses Gästehaus. Voranmeldung erwünscht.

Restaurant
Serenella, Via Fiorenzuola 28, Tel. 05 78 29 96 83. Non solo Pizza, sondern auch einfache umbrische Spezialitäten in der Altstadt.

57

Assisi – Heimat des heiligen Franziskus

Keine Stadt Italiens ist so klerikal geprägt wie der Geburtsort des hl. Franziskus. Assisi ist ein umbrisches Kleinod, in dem Idyllen einer beschaulichen Einheit von Glauben, Natur und Kunst wahr werden. Hier gibt es Gotteshäuser vom Bilder- und Glasfensterprunk der Oberkirche von **San Francesco** oder der barocken Grandezza von **S. Maria degli Angeli** unten in der Ebene bis zu einfachsten Feldkapellen und den Bergklausen des **Eremo delle Carceri**. Und immer wieder lädt die Umgebung der Stadt ein zu einsamen Spaziergängen in franziskanischer Natur durch Olivenhaine und die Steineichenwälder des *Monte Subasio*, auf denen man dem religiösen Bann dieses magischen Stücks Umbrien näherkommt.

13 Assisi   *Plan Seite 60/61*

Zwei prunkvolle Kirchen voller herrlicher Bildergeschichten für den Orden der Armen und Bedürftigen.

Die Schäden, die die Erdstöße 1997 an der Oberkirche der Basilica San Francesco angerichtet hatten, waren gewaltig. Die Spezialisten machten sich sofort ans Werk, das mikroskopische Puzzle aus farbigen Partikeln der Freskenreste Giottos und Cimabues wieder zusammenzusetzen. Doch waren die Zerstörungen so groß, daß man befürchtete, die Arbeiten nicht bis zum Jahr 2000 vollenden zu können. Pünktlich zum Heiligen Jahr gelang es schließlich, die Restaurierung zumindest soweit abzuschließen, daß die Oberkirche den Besuchern wieder geöffnet werden konnte. Die Pilger der Welt, vom Papst bis zum Pauschaltouristen, können also nach Assisi kommen.

Die Grabeskirche des hl. Franziskus ist unbestritten ein Weltwunder des Mittelalters. Doch Assisi hat mehr zu bieten. Die Stadt selbst mit ihren mittelalterlichen Häusern aus rohem Stein sowie den engen Gassen und Treppenwegen bildet eines der schönsten Ensembles Umbriens. Hinzu kommt die einladende *Piazza del Comune* mit dem Minerva-Tempel, der schon Goethe entzückte. Und schließlich das gewisse klerikale Flair: In keiner anderen Stadt Italiens, nicht einmal in Rom, prägen so sehr geistliche Tracht und ihre Träger das Straßenbild.

Geschichte   Als *römisches Municipium* erlebte das aus einer umbrischen Siedlung hervorgegangene **Asisium** ab 89 v. Chr. eine erste Blüte. Der aus dieser Zeit stammende Minerva-Tempel, im 16. Jh. in die Kirche S. Maria sopra Minerva umgewandelt, zählt zu den besterhaltenen römischen Zeugnissen Umbriens. Um 50 v. Chr. wurde hier wahrscheinlich *Sextus Propertius* (Properz) geboren, einer der begnadetsten Liebesdichter aller Zeiten.

Die ›Enkel des hl. Franziskus‹ prägen noch heute das Erscheinungsbild von Assisi

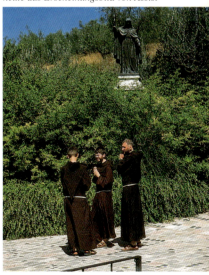

◁ *Über den Dächern von Assisi – Blick auf den Palazzo del Capitano del Popolo und die Chiesa Nuova*

Assisi – Basilica San Francesco

238 n. Chr. ließen die Bewohner *Rufinus*, den ersten Bischof Assisis, hinrichten. Später ernannte man ihn zum Stadtpatron. Im 6. Jh. wurde die Stadt zunächst von den Goten, im 8. Jh. dann von den Langobarden erobert. Im 11. Jh. schließlich gelang der Aufstieg zur **freien Kommune**. *Friedrich Barbarossa* war Gast in Assisi und ließ die Rocca erbauen, auf der sein Enkel *Friedrich II.* seine ersten Lebensjahre verbrachte. Als ghibellinischer Standort lag Assisi im ständigen Streit mit dem guelfischen Perugia. In diese bewegte Epoche fiel auch die Geburt des *hl. Franziskus* (1182) und der *hl. Klara* (1193). Franziskus widmete sich den Armen und Kranken und gründete den Franziskanerorden, dessen Regeln 1223, also noch zu seinen Lebzeiten, von Papst Honorius III. bestätigt wurden. Klara schloß sich im Jahre 1212 Franziskus an und gründete mit seiner Hilfe den Klarissinnenorden.

Das Spätmittelalter in Assisi war geprägt durch die Herrschaft mächtiger Condottieri wie Braccio di Fortebraccio. Um 1500 wurde Assisi zweimal kurz hintereinander durch die Baglioni von Perugia und Cesare Borgia geplündert. *Papst Pius II.* gelang schließlich die Eingliederung Assisis in den Kirchenstaat.

Der moderne Aufschwung setzte 1926 ein, pünktlich zum 700. Todestages des

Ziel zahlloser Pilger aus aller Welt – in San Francesco wird die Grabstätte des hl. Franziskus verehrt

Heiligen. Das Stadtzentrum wurde historistisch aufbereitet und Franziskus zum Patron Italiens ernannt. Seither ist Assisi vor allem in den Sommermonaten ein Tourismus- und Pilgermagnet ersten Ranges, der auch auffallend viele Katholiken aus anderen Erdteilen anzieht.

Besichtigung Assisi ist eine Stadt der Massen, aber auch der Stille und Meditation. Wer den frommen Herzschlag dieses Ortes spüren will, sollte im Winter kommen, wenn Assisi strahlend über den Morgennebeln der Valle Umbra thront und nachmittags die Schwaden zum Campanile von San Francesco hochziehen.

TOP TIP Basilica San Francesco

Der hl. Franziskus starb 1226. Zwei Jahre später, einen Tag nach seiner Heiligsprechung, legte *Papst Gregor IX.* persönlich den Grundstein für die aufwendigste Heiligenkirche Italiens. Als Baugrund wählte man den symbolträchtigen Galgenplatz am Stadtrand (mit deutlichen Parallelen zum Christusgrab in Jerusalem), der mit Hilfe riesiger Stützmauern zu einer tragfähigen Terrasse planiert wurde. Unter der Bauleitung des Ordensgenerals *Fra Elia* gestaltete

Basilica San Francesco

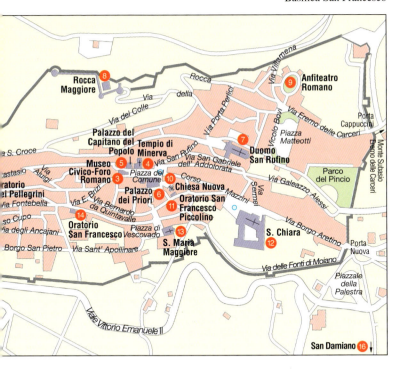

sich San Francesco zu einem Prestigeobjekt, bei dem die führenden Künstler Italiens mitwirkten. In ihren Fresken hat sich damals die Loslösung der mittelalterlichen italienischen Malerei von byzantinischen Vorbildern und hin zu eigenständigen Darstellungsweisen vollzogen. Architektonisch spiegelt San Francesco die universale Weite des Franziskanerordens wider. Man nahm bei dieser

Mittelalterlicher Bilderteppich – in der Unterkirche von San Francesco haben sich die berühmtesten Maler des 13. und 14. Jh. verewigt, u. a. Simone Martini und Pietro Lorenzetti

Assisi – Basilica San Francesco

Pietro Lorenzetti aus Siena bemalte den linken Querhausarm der Unterkirche von San Francesco mit Szenen aus der ›Passion Christi‹

Doppelkirche Zugriff auf das gesamte Spektrum christlicher Baukunst. Die romanische Unterkirche mit dem Grab des Heiligen verrät den Einfluß frühchristlicher Grabbauten und Mönchskirchen Armeniens und Syriens. Die 1253 geweihte Oberkirche hingegen wendet sich – bis auf die altmodisch-umbrische Fassade – dezidiert dem Einfluß der französischen Hochgotik zu: Vorbild war die *Sainte-Chapelle* in Paris.

Mit der prächtigen Architektur und der überaus prunkvollen Ausstattung – sowohl Unter- als auch Oberkirche sind über und über mit herrlichen, das Leben des Heiligen darstellenden Fresken bedeckt – steht die Anlage allerdings im Widerspruch zu der von Franziskus gepredigten Armut und Besitzlosigkeit.

Nach umfangreichen Restaurierungsarbeiten infolge der großen Erdbebenschäden steht die Oberkirche von San Francesco den zahlreichen Besuchern nun wieder offen.

Unterkirche

Man betritt die Unterkirche mit dem Grab des hl. Franziskus durch ein seitliches Doppelportal. Die gedrückten, wuchtigen Proportionen passen gut zum düsteren Charakter einer Grabeskirche. Die Vorhalle und die Seitenkapellen sind erst im 13. Jh. angefügt worden, um die Oberkirche zu stützen.

Der Freskenzyklus im **Langhaus** wurde um 1260 in Temperatechnik vom sog. *Franziskusmeister* ausgeführt, der byzantinische Bildformeln mit expressivem Pathos füllte. Der Künstler hat dabei das *Franziskusleben* auf der linken Wand typologisch der *Christuspassion* auf der rechten gegenübergestellt. Unter den Franziskusbildern, übrigens der älteste Zyklus einer Heiligenlegende in der christlichen Malerei, ragt besonders die gut erhaltene ›Vogelpredigt‹ hervor.

Einer ganz anderen Bildsprache bedient sich der Sienese *Simone Martini*, der die **erste Kapelle links** mit *Martinsfresken* (1322–26) ausmalte. Sie bestechen durch ihre kostbare Farbigkeit und die höfische Eleganz der Figuren. In zehn Bildern erzählt der Maler, wie der Heilige auf eine glänzende militärische Karriere verzichtet, mit der Mantelspende einem Armen hilft und nach zahlreichen Wundern schließlich von Engeln gen Himmel getragen wird. Die Martinslegende wurde wohl deshalb ausgewählt, weil der hl. Bischof Martin von Tours ein Vorbild des hl. Franziskus war.

Als absolutes Highlight der Malerei in der Unterkirche, unerläßlich für das Verständnis der franziskanischen Lehre, gelten die **Fresken der Vierung**. Die vier Deckenbilder des Vierungsmeisters (*Maestro delle Vele*) entstanden um 1315/20 und lehnen sich eng an den Stil Giottos

Basilica San Francesco

an. Allegorien des Gehorsams, der Armut und der Keuschheit bilden den thematischen Rahmen für die Verherrlichung des hl. Franziskus. Die ›Allegorie des Gehorsams‹ zeigt, wie einem Mönch ein Joch auferlegt wird, gegenüber sitzt die ›Keuschheit‹ in einem Turm. Während Gehorsam und Keuschheit allgemeine Mönchsgelübde sind, zeigt die ›Vermählung des hl. Franziskus mit der Armut‹ das Kernstück der franziskanischen Ordensregel: Der fromme Freier steckt einer bleichen Frau, die in einem verschlissenen Kittel barfuß in einem Dornengestrüpp steht und von einem Straßenköter angekläfft wird, einen Verlobungsring an. Der ›Triumph des hl. Franziskus‹ schließlich präsentiert den Ordensgründer thronend in christusähnlicher Haltung.

Im **linken Querhausarm** wird die *Passion Christi* (1315–30) von *Pietro Lorenzetti* aus Siena erzählt. Typisch für seine figurenreichen Bildkompositionen und seine Freude an wertvollen Stoffen ist die Kreuzigung an der Ostwand: Eine riesige Menschenmenge umsteht die drei Kreuze. Zum ersten Mal sind hier auch die beiden Schächer mit abgebildet.

An der Ostwand des **rechten Querhausarms** findet sich das älteste Bild der Kirche, *Cimabues* 1280 geschaffene ›Thronende Madonna mit Engeln und dem hl. Franziskus‹. Das **Franziskusporträt** soll das authentische unter den erhaltenen Bildnisse des Heiligen sein. Im Gegensatz zur geglätteten Franziskusversion Giottos trägt das nicht schöne, aber wache und eindringliche Antlitz dieses kleinen Mannes durchaus individuelle Züge.

Von Giottoschülern wurden schließlich detailreich die rechte Querarmkapelle (Nikolauslegende) und die dritte Seitenkapelle rechts (Wunder der Maria Magdalena) ausgemalt.

Der genaue Ort des Heiligengrabes wurde lange Zeit aus Angst vor Grabräubern geheimgehalten und geriet später in Vergessenheit. Erst 1828 entdeckte man den steinernen Sarkophag wieder und baute schließlich 1925–32 die **Krypta**, die über das Langhaus zu erreichen ist, in neoromanischem Stil aus. Franziskus ruht hier im Kreise von vier Lieblingsjüngern.

Oberkirche

Da die Außenwände der Unterkirche durch Klosteranbauten fast vollkommen verdeckt sind, tritt äußerlich nur die

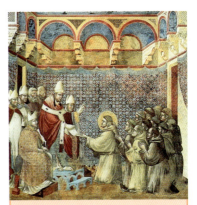

Giotto entwickelte in der Oberkirche eine neue Maltechnik, die die Fresken haltbarer machte

Al fresco – Giottos Maltechnik

Die Fresken Giottos in Assisi stellen vom Maltechnischen her eine **große Neuerung** *dar. Wer den schlechten Erhaltungszustand der älteren Malereien mit den gut konservierten Bildern vergleicht, kann nachvollziehen, warum die folgenden Generationen Giotto nicht nur als großen Meister, sondern auch als eine Art Erfinder der Freskenmalerei gepriesen haben.*

Bei dieser Methode der Wandmalerei wird mit Sand vermischter Kalk als feuchte Mörtelgrundschicht, **ariccio***, auf die gesamte Wandfläche aufgetragen. Von der dünnen Kalkdeckschicht hingegen wird immer nur ein Tagwerk,* **giornata***, aufgestrichen, da sie noch in feuchtem Zustand mit Pigmentfarben bemalt werden muß. Hilfestellung bei dieser schnellen Malweise liefern Ockerumrißzeichnungen der Gesamtkomposition,* **Sinopien***, die durch den nassen Putz durchschimmern. Beim Austrocknen umschließt eine dünne Kalkschicht die Farben und verbindet sie dauerhaft mit der Wand.*

Typisch für die seit Giotto übliche Freskomalerei ist auch die flexible Einteilung des Bildraums in unterschiedlich große Tagwerke. So ist die giornata für Gesichter, deren Inkarnat besonders detailliert ausgearbeitet wurde, kleiner als für großflächige Hintergründe.

63

Assisi – Basilica San Francesco

Meilenstein der italienischen Malerei – Franziskuszyklus von Giotto di Bondone in der Oberkirche

Oberkirche mit **Fassade** in Erscheinung. Sie ist in den wuchtig-soliden Formen der umbrischen Spätromanik ausgeführt. So deutet nichts am Außenbau auf die ungewöhnliche Pracht, die den Eintretenden empfängt. Architektonisch zeigt das an französischen Vorbildern orientierte **Innere** den Eigenweg der italienischen Gotik. Nicht das Spiel mit Statik und filigranen Formen steht im Vordergrund, sondern die kostbare Farbigkeit des einschiffigen Saalraums. Die vollständige Ausmalung und die für Italien neuartige Verglasung mit bunten Maßwerkfenstern sind nicht nur zufälliges Dekor, sondern notwendiger Bestandteil, der die architektonische Hülle mit Leben erfüllt. San Francesco ist ein eindrucksvoller Beweis dafür, daß das große Thema der italienischen Kunst des Mittelalters die Bilder und Bilderzyklen sind.

Die **Langhauswände** der Oberkirche sind mit großen *Franziskusfresken* bedeckt. Dieser Zyklus von 28 Bildern, der als absoluter Höhepunkt der mittelalterlichen Malkunst gilt, wurde ab 1296 von dem Toskaner *Giotto di Bondone* (ca. 1267–1337) und dessen Schülern ausgeführt. Man sollte die Betrachtung vorne rechts mit der ›Huldigung auf der Piazza‹ beginnen und im Uhrzeigersinn fortfahren. Typisch für den Stil Giottos ist die Beschränkung auf wenige, gut gruppierte Personen, auf klares Kolorit. Hinzu kommt – besonders fesselnd – die Durchpsychologisierung der Handlung. Damit emanzipiert sich die italienische Malerei endgültig von den starren Mosaikschemata der bis dahin vorherrschenden Malerei im byzantinischen Stil. Aber auch technisch stellen diese noch immer frischen Bilder einen Meilenstein in der Perfektion der Freskotechnik dar.

Zwischen den Fenstern oberhalb der Franziskusbilder werden auf der rechten Seite Episoden aus dem *Alten Testament*, auf der linken Seite aus dem *Neuen Testament* erzählt. Die Maler vermutet man im Umkreis der Römischen Schule und Cimabues. Die eindringliche Szene ›Isaak segnet Jakob‹ (zwischen dem 2. und 3. Fenster auf der rechten Wand) übernahm wahrscheinlich der junge Giotto, der Schüler Cimabues war.

Gespenstisch wirken die frühen Fresken Cimabues in der **Altarzone**: Das Bleiweiß ist oxidiert und die Farblichkeit völlig entstellt. Dennoch kann man eine expressive Kreuzigung und verschiedene apokalyptische Motive ausmachen. In welcher Vollständigkeit die durch das Erdbeben 1997 praktisch zu Staub zerfallenen **Deckenfresken** der Vierung wiederhergestellt werden können, bleibt abzuwarten. Eines steht jedoch fest. Sie werden in Zukunft wohl nicht mehr so achtlos übersehen werden, wie das erschöpfte Touristen angesichts der überbordenden Fülle an Sehenswertem bisher meist taten.

Ausruhen von den vielfältigen Eindrücken kann man sich im Klosterhof des zweigeschossigen **Chiostro Maggiore**, der hinter der Apsiszone liegt. Von hier aus läßt sich auch der **Tesoro** (Mo–Sa 9.30–12 und 14–18 Uhr) besuchen. Das in einem ehem. Refektorium untergebrachte Museum des Kirchenschatzes umfaßt umbrische Kreuze, arabo-sizilianische Drachenstoffe und Heiligengemälde der Sammlung Perkins, eines amerikanischen Mäzens.

Stadtzentrum

Die gerade, von mittelalterlichen Häusern und Palästen gesäumte Via San Francesco führt von der Basilika direkt ins Zentrum. Vorbei an einem kleinen, privat betriebenen Bauernmuseum, Mostra della Civiltà Popolare (Nr. 12), gelangt man zum riesigen **Palazzo Giacobetti**. Der im 17. Jh. errichtete Palast beherbergt heute

Oratorio dei Pellegrini

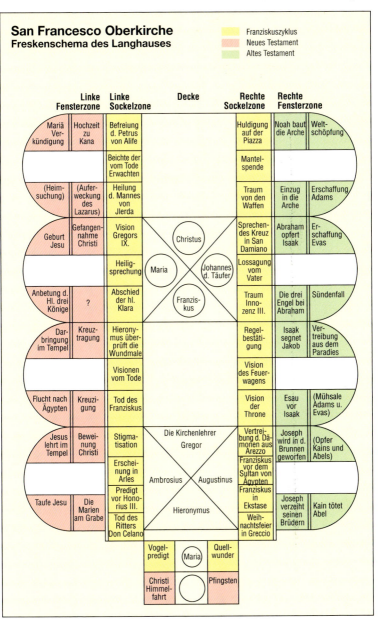

die 1554 gegründete Accademia Propertiana, die das Andenken an den wahrscheinlich in Asisium geborenen Liebeselegiker Properz hochhält. Schräg gegenüber befindet sich das **Oratorio dei Pellegrini** ❷, die Kirche eines heute nicht mehr erhaltenen Pilgerhospitals. Das Fassadenfresko ›Auferstandener Christus und die hll. Jakobus und Antonius Abbas‹, 1468 von *Matteo da Gualdo* geschaffen, präsentiert sich heute in einem schlechten Zustand. Das Kircheninnere – hier trifft man meist Nonnen in stummer Verehrung an – ist über und über mit Fresken (15. Jh.) bedeckt. Das hübscheste unter ihnen ist der ›Kamelsegen des hl. Antonius Abbas‹ von Pier Antonio de Mezzastris. Ein Stück weiter auf der Via

Assisi – Museo Civico-Foro Romano

Das Porträt des hl. Franziskus schuf Cimabue in der Unterkirche von San Francesco

Il Poverello

*Ein grüner ›poverello‹ fürs Sentiment, der die Natur liebt und zu den Tieren spricht – auf diese beschauliche Rolle wird der umbrische Heilige **Franziskus von Assisi** (1182–1226) heute zumeist reduziert. Doch der Franziskus, wie er in den frühen Quellen, etwa der Lebensbeschreibung des Thomas von Celano, erscheint, war kantiger und kämpferischer.*

Nur 1,40 m groß soll Francesco, der Sohn des reichen Tuchhändlers Pietro di Bernardone und der adligen Französin Pica, gewesen sein. Trotzdem will er als Ritter kämpfen. Gefangenschaft und Krankenbett verhindern dies. Eine **Vision** *in der baufälligen Kapelle* **San Damiano** *schafft 1206 Klarheit über seine Zukunft: »Vade Francisce et repara domum meam« (Geh und stell mein Haus wieder her), spricht das Kruzifix zu dem inbrünstigen Beter. Um an Baugeld zu kommen, verkauft er Stoffe seines Vaters – ohne ihn zu fragen, wohlgemerkt. Als der Vater ihn anklagt, wirft Franziskus ihm vor versammelter Stadt Geldbörse und Gewand vor die Füße und flüchtet unter bischöflichen Schutz. Der Sohn aus reichem Hause hat seinen Stand verlassen, ist ein* **poverello** *geworden.*

Fortan lebt er ein **religiöses Leben** *auf eigene Faust. Er bettelt und arbeitet, was für die ersten Franziskaner noch selbstverständlich war. Eigenhändig renoviert er San Damiano. 1208 hält er seine* **erste Predigt** *in Assisi und gewinnt bald Anhänger. Sie beziehen ein notdürftiges Quartier in der Porziuncula, einer verlassenen Benediktinerklause unterhalb Assisis. Bewußt nennen sie sich* **minores** *(Minderbrüder). Ihre ›Urregel‹ ist sehr einfach, fast nur aus Evangelienzitaten zusammengesetzt: »Ihr sollt nicht Gold, noch Silber, noch Erz in euren Gürteln haben; auch keine Tasche zur Wegfahrt, auch nicht zween Röcke, keine Schuhe, auch keinen Stecken. Denn ein Arbeiter ist seiner Speise wert.« (Matth. 10,7)*

1209 wird die kleine Kommunität, die die brandaktuellen sozialen The-

San Francesco folgt die **Fonte Oliviera**. Das Waschen in diesem 1570 geschaffenen Trinkwasserbrunnen wurde – wie die Inschrift belegt – unter Strafe gestellt: »Pena un Scudo e Perdita dei Panni« (Strafe ein Scudo und Beschlagnahmung der Wäsche)! Gegenüber (Nr. 2b) lebt und arbeitet ein alter Olivenholzschnitzer: Ähnlich wie im Heiligen Land wird dieses Handwerk auch im ›umbrischen Bethlehem‹ kultiviert. Hinter einem mittelalterlichen Torbogen beginnt die *Via del Seminario*.

Kurz vor der Piazza kann man rechts in einem zur Straße gelegenen Raum eine Kuriosität Assisis bestaunen: ein aus Streichhölzern gebasteltes Modell von San Francesco. Links gegenüber befindet sich der Eingang zum **Museo Civico-Foro Romano** ❸ (Mitte März – Sept. tgl. 10–13 und 15–19 Uhr, Okt. – Mitte März tgl. 10–13 Uhr). Das eigentliche Museum ist in der Krypta der **Chiesa San Nicolò** untergebracht – ausgestellt sind hier *etruskische* und *römische Funde* aus Assisi und Umgebung, *Sarkophage* und *Stelen* sowie Architekturfragmente. Durch einen Korridor gelangt man zu den Ausgrabungen unterhalb der heutigen Piazza del Comune. Hier vermutete man früher das antike Forum, da man jedoch keine Reste öffentlicher Gebäude fand, geht man heute davon aus, daß die weite Terrasse, die einst auf drei Seiten von Säumen ihres Jahrhunderts (Gegensatz zwischen Arm und Reich, Macht des Adels und der Kirche) anspricht, von **Papst Innozenz III.** offiziell anerkannt. Der Einzelkämpfer Franziskus ist in den Schoß der etablierten Kirche aufgenommen, aber dabei durch den gelobten Gehorsam gebunden. Die Reformation wurde – nach einem kühnen Worte Macchiavellis – dadurch um 300 Jahre verschoben.

Die Franziskaner bleiben dennoch mehr Bewegung als Orden: Klöster, Besitz und Seßhaftigkeit lehnen sie ab. Wie die Apostel will man das Evangelium auf **Wanderschaft** weitertragen: Franziskus zieht jahrelang predigend durch Südfrankreich und versucht während des fünften Kreuzzugs sogar, den ägyptischen Sultan zu bekehren. Noch heute betreuen Franziskanermissionare die katholischen Stätten des **Heiligen Landes**.

Als der unermüdliche Ordensgründer nach Italien zurückkehrt, ist die Gemeinschaft zu einer Massenbewegung angeschwollen. Planung und Hierarchie tun not. 1223 wird die bis auf den heutigen Tag gültige **Regel** als Papstbulle veröffentlicht. Doch Franziskus haßt Administration, läßt der Verwaltung ihren Lauf und zieht sich mit wenigen treuen Gefährten in die Waldeinsamkeit zurück.

Und hier passiert das Unerhörte. Am Michaelstag des Jahres 1224, als er in der toskanischen Bergklause von **La Verna** fastet, erscheint ein Seraphim, der ihm mit glühenden Feuerstrahlen die Wundmale Christi einbrennt: Als erster **stigmatisierter Heiliger** tritt Franziskus damit die direkte Nachfolge Christi an!

Von nun an wird er immer kränker und begibt sich in die Obhut der hl. Klara, mit deren Hilfe er 1212 den sog. ›Zweiten Orden‹, den Orden der Klarissinnen, gegründet hatte. Im Garten von San Damiano, außerhalb von Assisi gelegen, dichtet der Erblindete sein Bekenntnis universaler Liebe, den **Cantico del sole**. Der ›Sonnengesang‹, der Gott als den Schöpfer der Natur preist, ist übrigens eines der ersten Gedichte in italienischer Sprache.

Auf dem Sterbebett diktiert Franziskus sein Testament, eine letzte halsstarrige Kritik an der einengenden Regel von 1223. Mit wunderbar klaren und einfachen Worten beschreibt er noch einmal seinen Weg: »Und wir waren zufrieden mit einer innen und außen geflickten Kutte, einem Gürtelstrick und Unterhosen. Mehr wollten wir nicht haben.«

Der hl. Franziskus war nicht nur ein außergewöhnlicher Mensch, er ist auch ein außergewöhnlicher Heiliger. Seine **Grabeskirche** war die größte bis dahin für einen Heiligen erbaute, er war der erste, dem eigene Altäre geweiht wurden. Und mit zunehmendem Interesse an seinem wahren Bild entstanden die ersten porträtähnlichen Bildnisse der europäischen Malerei. So zeigt z. B. das Fresko Cimabues in der Unterkirche von **San Francesco** einen kleinen, eher häßlichen Mann mit abstehenden Ohren, aber hellen, alles durchdringenden Augen.

lenhallen umgeben war, zum *Tempel der Minerva* gehörte. Im Gang stößt man auf römische Fußböden, antike Wasserleitungen und Inschriften.

Die **Piazza del Comune**, von antiken und mittelalterlichen Gebäuden gerahmt, bildet den Mittelpunkt des öffentlichen Lebens in Assisi. In den Sommernächten, wenn vor der erleuchteten Fassade des Minerva-Tempels und am Stadtbrunnen überall Bartische aufgestellt sind, entwickelt sich ein fast römisches Flair.

Blickfang des weiten Platzes ist der korinthische **Tempio di Minerva** ❹, an dessen Fassade sich schon Goethe nicht satt sehen konnte. Eine elegante Lösung, um Platzmangel zu kaschieren, bedeutet die Versenkung der Säulensockel in die Stylobattreppe. Die untersten Stufen der Treppenanlage liegen übrigens unterhalb des heutigen Platzniveaus. Der Podiumstempel aus dem 1. Jh. v. Chr., der zu den besterhaltenen römischen Hinterlassenschaften Umbriens zählt, wurde 1539 in die *Chiesa S. Maria sopra Minerva* umgewandelt. Links daneben erhebt sich der **Palazzo del Capitano del Popolo** ❺. Dieses Regierungsgebäude aus dem 13. Jh. wurde 1927 zur Feier anläßlich des 700. Todestages des hl. Franziskus etwas kitschig restauriert. Im Sockel des hoch aufragenden *Torre del Popolo* sind die kommunalen Maßeinheiten eingelassen.

Assisi – Palazzo dei Priori, Pinacoteca Civica, Duomo San Rufino

Ein antiker Tempel, mittelalterliche Paläste und gemütliche Straßencafés machen die Piazza del Comune zu einem der schönsten Plätze Umbriens

Die gegenüberliegende Platzseite wird von dem aus vier Gebäuden bestehenden **Palazzo dei Priori** ❻ eingenommen. Neben der *Azienda per il Turismo* ist hier die **Pinacoteca Civica** untergebracht (Sommer Di–So 10–13 und 15–19 Uhr, Winter Di–So 10–13 und 14–17 Uhr), die eine kleine Sammlung umbrischer Malerei präsentiert – sowohl abgelöste Fresken (14.–16. Jh.) aus verschiedenen Kirchen und Palästen Assisis als auch Gemälde umbrischer Maler der Renaissance wie Ottaviano Nelli oder Alunno.

Von der Piazza del Comune steigt man die malerische, von Geschäften gesäumte Via di San Rufino zum **Duomo San Rufino** ❼ hinauf. Der heutige Bau wurde 1134 unter Bischof Clarissimus von *Giovanni da Gubbio* begonnen und 1228 geweiht. Der robuste Campanile stammt noch von der Vorgängerkirche (1030). Die die gesamte Platzbreite einnehmende **Fassade** mit den filigranen Fensterrosen gehört zu den schönsten der umbrischen Romanik. Besonders reizvoll sind die Reliefs der Portallünetten, in der mittleren Christus, eine stillende Maria und Bischof Rufinus, auf den seitlichen Tierpaare, die aus Amphoren das Wasser des Lebens trinken. Der dreischiffige, 1571 von *Galeazzo Alessi* modernisierte **Innenraum** wurde vom jüngsten Erdbeben nur leicht in Mitleidenschaft gezogen. Im rechten Seitenschiff kann man das Taufbecken besichtigen, in dem Stauferkaiser Friedrich II., der hl. Franziskus und die hl. Klara getauft wurden, auf der linken Seite eine römische Zisterne, auf deren Grundmauern der Campanile ruht. Weiterhin sehenswert sind das Chorgestühl von 1520 sowie die barocke Sakramentskapelle. Das **Dommuseum** im rechten Seitenschiff (15. März–15. Okt. tgl. außer So vorm. 10–12 und 14–18 Uhr) birgt u. a. ein ›Madonnentriptychon‹ von Alunno. Auf der Predella sind Szenen aus dem Leben des Rufinus, des im 3. Jh. hingerichteten ersten Bischofs von Assisi, dargestellt. Die **Krypta** (März–Okt. tgl.

Rocca Maggiore, Chiesa Nuova, Chiesa S. Chiara

10–12 und 14–18 Uhr, Nov.–Febr. Sa/So 10–12 und 14–17 Uhr) des Vorgängerbaus ist unter dem ersten Joch der heutigen Kirche erhalten, man erreicht sie vom Domplatz aus. Sie ist Grablege des hl. Rufinus, der in einem römischen Sarkophag ruht.

Vom Domplatz aus bietet sich der Aufstieg zur **Rocca Maggiore** ❽ an. Von hier oben genießt man einen herrlichen Blick auf Assisi und die Valle Umbra. In der heute teilweise verfallenen Burg verbrachte der jung verwaiste Friedrich II. (1194–1250) seine ersten Lebensjahre. 1198 wurde die Anlage von den Bürgern Assisis gestürmt und zerstört und erst 1367 unter Kardinal Albornoz wieder aufgebaut. Beim Herumstreifen auf der Rocca kann man u.a. die mittelalterliche Küche mit ihren riesigen Kaminen entdecken.

Auf dem Rückweg ins Zentrum führt ein kurzer Abstecher zum **Anfiteatro Romano** ❾. In späteren Jahrhunderten wurden auf den Fundamenten des Amphitheaters teilweise Häuser errichtet – in einem von ihnen hat sich heute ein Hotel einquartiert.

Von der Piazza del Comune aus wollen weitere franziskanische Stätten entdeckt werden. Am südlichen Platzende, links vom Palazzo dei Priori, gelangt man zu einer kleinen Piazzetta mit der barocken **Chiesa Nuova** ❿. Der harmonische Bau in griechischer Kreuzform wurde 1615 über dem Elternhaus des hl. Franziskus errichtet. Im Kircheninneren, am ersten Vierungspfeiler links, kann man den kleinen Raum begutachten, in dem der wohlhabende Tuchhändler Pietro di Bernardone seinen Sohn Franziskus einige Tage gefangenhielt, weil dieser kostbare Stoffe veruntreut hatte [s. S. 66]. Links von der Apsis führt eine Tür in das eigentliche Haus, in dem ein Raum als Oratorium hergerichtet ist. Vor der Kirche haben die Bürger Assisis ein modernes Denkmal der Eltern aufgestellt: Mutter Pica hält die gelösten Ketten ihres Sohnes.

Nach wenigen Schritten erreicht man die Geburtsstätte des hl. Franziskus, das **Oratorio San Francesco Piccolino** ⓫. Die Portalinschrift der winzigen Kapelle verrät, daß sich früher an dieser Stelle ein Stall befunden hat – eine auffällige Parallele zur Geburt Christi. Über die Via Bernardo da Quintavalle geht es zur weiten Panorama-Terrasse mit der Grabeskirche der hl. Klara.

Die **Chiesa S. Chiara** ⓬ wurde 1257, bereits zwei Jahre nach Heiligsprechung der Klara, begonnen und 1265 geweiht. Baumeister *Filippo da Campello* dehnte das arabisch-romanische Prinzip der Steinpolychromie auf den gesamten **Außenbau** aus, der mit rosa und weißem Stein vom Monte Subasio gebändert bzw. schachbrettartig eingelegt ist. Spek-

Zur Zeit nur von hinten schön – die Fassade des Doms von Assisi ist beim Erdbeben im Herbst 1997 stark in Mitleidenschaft gezogen worden

Assisi – Chiesa S. Chiara, S. Maria Maggiore

Die heilige Klara – eine starke Franziskanerin

Das junge Mädchen Chiara (Klara) aus der Adelsfamilie Offreduccio hörte im Jahre 1212 eine Predigt von **Franziskus** *im Duomo San Rufino, verließ daraufhin nachts ihr Elternhaus und floh mit einer Freundin zur Porziuncula [s. S. 72]. Franziskus nahm die spätere hl. Klara freundlich auf, schor ihr die Haare und legte ihr ein grobes Büßergewand an. Sie leistete ihm gegenüber die* **franziskanischen Gelübde**, *woraufhin Franziskus für sie den sog. ›Zweiten Orden‹ gründete. Die Gemeinschaft der* **Klarissinnen** *ließ sich in San Damiano nieder, um ein Leben in Armut und Buße zu führen. Klara wurde im Laufe der Zeit zur wichtigsten Beraterin, ja fast Weggefährtin des Heiligen. Bezeichnenderweise zog sich der sterbenskranke Franziskus in ihr Kloster zurück, um in seinen letzten Momenten dieser innigen Vertrauten nahe zu sein. Klara, die ihren Orden mit strenger und gütiger Hand führte, starb 1253 in San Damiano. Bereits kurz nach ihrer* **Heiligsprechung** *1255 begann man mit dem Bau von S. Chiara, wo ihre Gebeine 1260 endgültig bestattet wurden.*

Arabisches Vorbild – für die Dekoration des Außenbaus von S. Chiara wählte man farbige Muster, Bänder und Rauten

takulär sind die weiten Strebepfeiler, die beim Erdbeben 1997 ihre Stützfunktion unter Beweis gestellt haben: S. Chiara hatte keine größeren Schäden zu melden! Der einschiffige **Innenraum**, eine nüchterne Kopie der Oberkirche von San Francesco, beherbergt kostbare Gemälde. In der rechts abzweigenden *Cappella del Crocefisso* hängt das berühmte ›Sprechende Kreuz‹ von San Damiano, das 1206 den hl. Franziskus zum Wiederaufbau dieser halb verfallenen Kirche aufforderte. In bunten, starken Tönen zeigt dieses bemalte Triumphkreuz (2. Hälfte 12. Jh.), wie der gekreuzigte Christus mit ungebrochenem Blick über den Tod triumphiert. Diese Kapelle und die angrenzende *Cappella del Sacramento* gehörten zum Vorgängerbau San Giorgio, in dem Franziskus am 16. Juli 1228 von Papst Gregor IX. heiliggesprochen wurde. Hier lag er bis zu seiner Überführung nach San Francesco begraben. Im rechten Querarm erzählt die interessante Tafel des *Klara-Meisters* (um 1280) in naiven Bildern das Leben der Heiligen, darunter auch jene Episode, in der ihr Vater mit Gewalt versucht, sie aus dem Kloster fortzuziehen. Von derselben Hand dürfte das Kruzifix über dem Hauptaltar stammen. Zu Füßen des Gekreuzigten trauern hier Franziskus, Klara und eine Stifterin. Die **Krypta** mit dem Grab der Heiligen wurde 1850–72 angelegt und 1935 neugotisch umgestaltet.

In der Unterstadt gibt es weitere interessante Kirchen. An der Piazza di Vescovado erhebt sich die Chiesa **S. Maria Maggiore** ⑬, die bis ca. 1020, als San Rufino

sie ablöste, Bischofskirche von Assisi war. Noch heute schließt sich rechts der Bischofspalast (Vescovado) an. Die schlichte, durch vier Lisenen und eine Rosette gegliederte Fassade von 1163 fällt durch eine antike Brunnenschale auf, die über dem Hauptportal vermauert ist. Im **Oratorio San Francesco** 14 an der Piazza Garibaldi ist die große Kreuzigung der Altarwand, die *Giovanni da Corraduccio* (2. Hälfte 14. Jh.) zugeschrieben wird, sehenswert. Freunde romanischer Architektur können schließlich noch zu **San Pietro** 15 hinabsteigen. Die am Ortsrand gelegene, 970 erstmals erwähnte Benediktinerabtei wurde im 13. Jh. erneuert und 1254 geweiht. Die romanische Fassade im Stil San Rufinos ist durch Lisenen und drei Fensterrosen geschmückt.

Kein Besuch Assisis ist vollständig ohne eine Besichtigung der außerhalb der Stadtmauern gelegenen heiligen Stätten. In **San Damiano** 16, von der Porta Nuova in etwa 15 Min. zu Fuß zu erreichen, verdichtet sich die franziskanische Legende. Hier hatte Franziskus 1206 sein entscheidendes Gotteserlebnis, als das Triumphkreuz, das heute in S. Chiara aufbewahrt wird, zu ihm sprach und ihn aufforderte, die Kirche zu reparieren. Einige Jahre später lebte hier die hl. Klara mit ihren ersten Gefährtinnen nach franziskanischen Regeln. Und hierhin zog sich der kranke, blinde und stigmatisierte Franziskus 1225 zurück, um unter der Pflege seiner geistlichen Schwester das Vermächtnis seiner universalen Liebe, den Sonnengesang, zu dichten. San Damiano gehört zu den stimmungsvollen ländlichen Orten, die die Schlichtheit des frühen Ordens bewahrt haben.

Über die Vorhalle betritt man den tief geschwärzten einschiffigen **Innenraum**, in dem eine Kopie des ›Sprechenden Kreuzes‹ hängt. Gleich rechts sieht man das Fenster, durch das Franziskus das Geld für die Kirchenrenovierung warf. Betsaal und Dormitorium der hl. Klara können ebenso besichtigt werden wie der Kreuzgang und der kleine Klostergarten.

Noch abgeschiedener geht es in **San Masseo** zu. Ein 15min. Spaziergang von der Porta Moiano führt zu dem in den Feldern versteckten romanischen Kirchlein. Eine franziskanische Laiengemeinschaft hat hier, dem Vorbild des Heiligen folgend, selbst Hand angelegt und den Bau renoviert. Hier sind jederzeit Gäste (gleich welcher Konfession) willkom-

Ort der Stille – der kleine Kreuzgang von San Damiano

men, die mitbeten, mithelfen, mitarbeiten wollen und mindestens eine Woche bleiben (Kosten für den Aufenthalt auf Spendenbasis, Tel. 0 75 81 66 87).

Praktische Hinweise

Information: IAT Assisi, Piazza del Comune, Tel. 0 75 81 25 34, Fax 0 75 81 37 27

Hotels und Herbergen

**** Subasio, Via Frate Elia 2, Tel. 0 75 81 22 06, Fax 0 75 81 66 91. Schon italienische Königinnen wußten die unmittelbare Nähe zur Franziskusbasilika zu schätzen.

** Alexander, Piazza Chiesa Nuova 6, Tel. 0 75 81 61 90. Zentral gelegenes Hotel mit geschmackvollen Zimmern.

* Anfiteatro Romano, Via Anfiteatro, Tel. 0 75 81 30 25, Fax 0 75 81 51 10. Kleines Hotel mit sieben Zimmern fernab vom Pilgerrummel in der Oberstadt. Das zugehörige Restaurant steht auf den Mauern des antiken Amphitheaters.

* Monastero S. Croce, Via S. Croce 4, Tel. 0 75 81 25 15, Fax 0 75 81 67 64. Ein Stückchen Deutschland in Umbrien.

Assisi – S. Maria degli Angeli

Die beste Adresse in Assisi – Hotel Subasio

In dem von deutschen Nonnen geleiteten Gästehaus ist eine Voranmeldung dringend erforderlich.

Monastero delle Stimmatine, Via degli Ancajani 16, Tel. 0 75 81 51 28, Fax 0 75 81 51 29. Das einzige Kloster, das auch im Winter Gäste aufnimmt – nüchtern, freundlich, modern.

Restaurants
La Fortezza, Vicolo Fortezza 2b, Tel. 0 75 81 24 18. Wildtauben im Tontopf, Steinpilze und *pasta fresca* gleich bei der Piazza.

Trattoria da Erminio, Via Montecavallo 19, Tel. 0 75 81 25 06. Ein Wildschweinkopf über dem Kamin sowie Pilzcrostini und Kaninchen *all' assisana*. Die karge Einrichtung verzichtet ausnahmsweise auf den in anderen Lokalen üblichen Mittelalterkitsch (Do geschl.)

14 S. Maria degli Angeli

In wahren Massenwallfahrten ehren die Gläubigen den Sterbeort des hl. Franziskus.

Die Chiesa S. Maria degli Angeli, in der Ebene der Valle Umbra gelegen, ist der Triumph des Barock über die franziskanische Schlichtheit. Der schon kurz nach ihrer Errichtung im 17. Jh. einsetzende Rummel entfaltet allerdings sein eigenes Kolorit. Denn die **Porziuncula**, die schlichte Sterbekapelle des hl. Franziskus, der eine gigantische Barockkirche übergestülpt wurde, zieht nach wie vor magnetisch die Massen und die Andenkenhändler an.

Geschichte Die Porziuncula ist heiligster franziskanischer Boden. Diese einfache Feldkapelle hatte Franziskus zum ersten Zentrum seiner der Natur und der Einfachheit verbundenen Bewegung auserwählt. Stroh- und Lehmhütten bildeten das erste franziskanische ›Kloster‹, hier entstand der Orden, und hier wurde 1221 das erste Kapitel abgehalten. 1226 ist Franziskus auf dem Steinboden der Kapelle liegend verschieden. Schon wenige Jahre nach dem Tod des Heiligen begannen Wallfahrten den Ort reich zu machen.

Besichtigung Ein Detail wie die bombastische 26strahlige Tränke an der Flanke der Basilika, 1610 von den Medici gestiftet, zeigt, daß hier geklotzt wurde: Die 115 m lange Kuppelkirche im römischen Stil, die weithin die Valle Umbra dominiert, war *das* Prestigeobjekt des barocken Umbrien. *Galeazzo Alessi* aus Perugia, Starbaumeister Genueser Patrizierpaläste, hat hier sein architektonisches Vermächtnis hinterlassen. Der 1569 begonnene Prunkbau wurde erst 1928 mit der Errichtung der Vorhalle abgeschlossen. 1832 mußte das baufällige Mittelschiff vollständig erneuert werden.

Im 17. Jh. überbaute man die kleine Porziuncula mit einer gewaltigen Barockkirche

S. Maria degli Angeli / Monte Subasio

Hier fühlte sich Franziskus besonders wohl – nach einer schönen Wanderung erreicht man die franziskanische Einsiedelei Eremo delle Carceri

Zentrum der Verehrung im **Inneren** ist natürlich die **Porziunculakapelle**, in der fast immer inbrünstige Beter knien. Das Fassadenfresko mit der Ablaßgewährung ist ein Werk des Nazareners *Friedrich Overbeck* von 1829. Die feierlich-bunte Altartafel in ihrem Inneren schuf 1393 *Ilario da Viterbo*.

Beim rechten hinteren Vierungspfeiler von S. Maria degli Angeli liegt die **Cappella del Transito**, die den Sterbeort des Heiligen markiert. Die um 1900 geschaffenen Fresken von *Domenico Bruschi* stellen Szenen aus seinem Leben dar. Unbedingt sollte man vom rechten Querschiff aus einen Rundgang durch das stimmungsvolle Kloster unternehmen. Im *roseto* genannten Garten blühen die Rosen, die ihre Dornen verloren, als sich der hl. Franziskus bei einer sexuellen Anfechtung in ihnen wälzte, in der **Cappella del Rosario** hat Tiberio d'Assisi 1506–16 in beschaulichen Bildern die Geschichte des Rosenwunders und des Ablasses erzählt.

 15 Monte Subasio

Der franziskanische Hausberg.

Natürlich kann man auch mit dem Linienbus oder dem eigenen Mobil fahren, doch franziskanischer und erholsamer ist es allemal, den Subasio auf einem der herrlichen Wanderwege zu besteigen. Der Einstieg befindet sich in der **Oberstadt von Assisi** bei der Porta Cappuccini in der Nähe des Amphitheaters, wo gleich links ein Feldweg von der Fahrstraße abzweigt. Auf den Serpentinen des Friedensweges *sentiero della pace* steigt man durch Steineichenwälder in ca. 1 1/2 Std. zu dem auf 591 m Höhe gelegenen stimmungsvollen **Eremo delle Carceri** empor. Um die Felsgrotten, in denen die ersten Anhänger des hl. Franziskus lebten, wurde im 15. Jh. ein schlichtes Eremitenkloster errichtet. Eindrucksvoll sind die winzigen Bet- und Schlafräume und der Brunnen des hl. Franziskus.

Weitere gutausgebaute Wanderwege führen in die baumlose Gipfelzone des trüffelreichen Monte Subasio in 1290 m Höhe (von Assisi ca. 3 Std.).

Praktische Hinweise

Restaurant
La Stalla, Locanda Fontemaggio, Tel. 0 75 81 23 17. Uriges Ausflugslokal an der Straße zum Eremitenkloster Eremo delle Carceri. Polenta, Grillfleisch und viel Platz im Freien (im Winter Mo geschl.).

Von Spello nach Spoleto – Perlen der Valle Umbra

Die Valle Umbra, die fruchtbare Ebene, die Umbrien von Nord nach Süd, von Assisi bis Spoleto, durchzieht, hat die Reisenden schon immer in ihren Bann gezogen. Mauerbewehrte mittelalterliche Städtchen wie **Spello** und **Trevi**, **Bevagna** und **Montefalco** thronen auf Hügeln hoch über dem Tal und geben grandiose Blicke auf die Landschaft frei. »Ein weites Tal, das kein Sterblicher betrachten kann, ohne eine gleichsam göttliche Freude zu empfinden«, rief 1740 *Goethes Vater Johann Caspar* ergriffen aus. Auch heute gilt: Wer die steilen Gassen der kleineren und größeren Bergstädtchen erklimmt und über die sanften Hügel mit ihren Olivenhainen und grünen Feldern blickt, wird tiefe Eindrücke einer fast zeitlosen Idylle davontragen.

 16 Spello *Plan Seite 76*

Meisterwerke Pinturicchios in einem von Olivenhainen umgebenen Bergstädtchen der Valle Umbra.

Das sich am Fuße des *Monte Subasio* erstreckende Spello hat alles, was man von einem mittelalterlichen Städtchen erwartet – bis auf das eklatante Fehlen einer schönen Piazza. Dafür gibt es Treppenwege, Blumentopfidyllen in Seitengassen, verträumte Frührenaissancegemälde, römische Stadttore und eine vorzügliche Küche. Schließlich kommt aus den umliegenden Ölbergen das berühmteste Olivenöl Umbriens: Das *olio di Spello* ist grünschillernd und feinherb. Besonders römische Wochenendurlauber sind dem kulinarisch-mittelalterlichen Charme Spellos verfallen. Und einmal im Jahr lebt der Ort richtig auf: Zum *Infiorata-Fest* am Fronleichnamssonntag wird auf dem Corso ein riesiger Blumenteppich ausgelegt.

Geschichte   Unter dem römischen Kaiser *Augustus* (63 v. Chr. – 14 n. Chr.) wurde das vermutlich schon umbrisch besiedelte **Hispellum** zur ›Splendissima Colonia Julia‹ ernannt und mit Ländereien ausgestattet, u. a. dem Quellgebiet des Clitumnus. Zur selben Zeit entstand die Stadtmauer, die zu den besterhaltenen Umbriens gehört. 300 Jahre später gewährte *Kaiser Konstantin* Spello das Privileg, die aus umbro-etruskischer Zeit stammenden Weihespiele, die bislang im Fanum Volumnae bei Orvieto [s. S. 31] stattgefunden hatten, auszurichten.

Im Laufe des Mittelalters wechselte Spello mehrmals die Fronten, geriet zunächst unter die Herrschaft der *Langobarden* von Spoleto und ging dann zusammen mit dem Herzogtum in den Besitz des Kirchenstaates über. Obwohl das Städtchen um 1130 seinen Bischofssitz, den es seit 487 innehatte, verlor, gelang es ihm, zur **freien Kommune** aufzusteigen. Nach aufreibenden Kämpfen gegen Assisi und Foligno schloß sich Spello im 14. Jh. *Perugia* an und fiel Ende des 16. Jh. erneut an den Kirchenstaat.

Besichtigung   Man betritt die Unterstadt gewöhnlich durch die **Porta Consolare** ❶. Obwohl das römische Stadttor des antiken Hispellum mit seiner Basis heute fast 2 m unter dem Bodenniveau liegt, wirkt es noch immer imposant. Die antiken Statuen über den Bögen stammen aus dem nahen Amphitheater und wurden erst im 16. Jh. hier angebracht.

Der folgende Aufstieg ist so steil, daß die Via Consolare mit rutschfestem Gummi gepflastert ist. Am Ende einer langgezogenen Kurve passiert man links die

◁ *Malerische Bergdörfer (Spello) und mittelalterliche Kirchen (S. Maria Assunta, Spoleto) – die Valle Umbra fasziniert ihre Besucher*

Von Spello nach Spoleto – Spello

Pinturicchio bemalte die Cappella Baglioni im Dom von Spello mit Szenen aus dem Leben Jesu

Cappella Tega, die 1461 von Alunno ausgemalt wurde. Weit bedeutendere Fresken sind im **Duomo S. Maria Maggiore** ❷, der die angrenzende Piazza Matteotti dominiert, zu sehen. Das 1285 errichtete Gotteshaus wurde 1644 gründlich barockisiert. Die *Cappella Baglioni*, die sich in der linken Langhauswand öffnet, wartet mit einem Highlight der umbrischen Malerei auf: Hier hat Bernardo di Betto – aufgrund seiner geringen Körpergröße **Pinturicchio**, das kleine Malerchen, genannt – 1500 einen seiner innigsten Freskenzyklen geschaffen. Die drei Szenen aus dem Leben Jesu, auf der linken Wand die ›Verkündigung‹, in der Mitte die ›Anbetung der Hirten‹ und auf der rechten Wand ›Jesus unter den Schriftgelehrten‹, bezaubern auch heute noch durch ihr märchenhaftes Ambiente und ihre Detailfreude. Besonders reizvoll, wenn auch von schwacher Komposition, ist die ›Anbetung‹ an der Stirnwand. Man achte auf die weite umbrische Landschaft mit See und die drei Hirten mit bemerkenswert realistischem Gesichtsausdruck. In der rechten unteren Ecke der ›Verkündigung‹ verewigte sich der Maler mit einem Selbstporträt. Im ehem. Konvent der Kirche ist heute das sehenswerte **Museo Civico** ❸ untergebracht, das umbrische Malerei vom 13. bis zum 20. Jh. zeigt (Di–So 10–13 und 16–19 Uhr).

Am oberen Ende der Piazza Matteotti liegt die **Chiesa Sant'Andrea** ❹. Der

Spello

Relikt aus der Römerzeit – das antike Stadttor Porta Venere bildet den westlichen Zugang zur Altstadt von Spello

schlichte Bau des 13. Jh. birgt im linken Querarm ein weiteres Gemälde Pinturicchios: Auf der ›Sacra Conversazione‹ von 1508 wird die Madonna mit Kind von den hll. Andreas, Ludwig von Toulouse, Franziskus und Laurentius gerahmt. Nettes Detail: Auf einem Schemel vor dem Johannesknaben liegen zwei an den Künstler gerichtete Briefe des Bischofs von Orvieto.

Gegenüber der Kirche führt die blumengeschmückte Via Torri di Properzio zur römischen **Porta Venere** ❺. Das antike, mit drei Durchgängen versehene Stadttor wurde einst von zwei Türmen flankiert. Weiter auf der Hauptstraße gelangt man zur nüchternen Piazza della Repubblica, die das Areal des römischen Forums einnimmt. Imposantestes Bauwerk ist der 1270 entstandene **Palazzo Comunale** ❻ mit seiner Loggia. Weiter oben passiert man rechts die barockisierte **Chiesa San Lorenzo** ❼. Hier hatte der berühmte franziskanische Bußprediger *Bernardino da Siena* 1438 eine geniale Idee: Frauen und Männer bei der Messe durch einen Vorhang zu trennen, damit sie sich nicht gegenseitig durch Blicke ablenken, anstatt sich auf den Gottesdienst zu konzentrieren.

In der Oberstadt lassen sich weitere Entdeckungen machen: Die Via Belvedere führt zu den Festungsruinen der päpstlichen Rocca Albornoz und zum **Belvedere** ❽, das einen prächtigen Ausblick über die Valle Umbra bis nach Assisi gewährt. Über die Via dei Cappuccini gelangt man schließlich zur 1320 entstandenen Klarissinnenkirche **S. Maria di Vallegloria** ❾. Wer Glück hat, findet sie geöffnet und kann eines der frühesten bemalten Triumphkreuze Umbriens (um 1220) bestaunen.

Außerhalb der Stadtmauern, Richtung Perugia, liegen die Reste des römischen Amphitheaters und die romanische **Chiesa San Claudio** ❿, die über den Ruinen eines antiken Gebäudes errichtet wurde. Ein Stück weiter fällt ein prächtiger Park ins Auge. In der **Villa Fidelia** ⓫ mit ihren zypressenverschatteten Terrassengärten hielt im 18. Jh. kein geringerer Hof als Giuseppe Piermarini, umbrischer Architekt der Mailänder Scala. Im Gebäude ist die *Collezione Straka-Coppa* (tgl. 10–13 und 16–19 Uhr), eine Kunst- und Möbelsammlung, zu besichtigen.

Praktische Hinweise

Hotel

**** **Palazzo Bocci**, Via Cavour 17, Tel. 07 42 30 10 21. Intimer, modern restaurierter Palazzo mit neobarocken Wandmalereien und gutem Frühstück.

Restaurants

Il Cacciatore, Via Giulia 42, Tel. 07 42 65 11 41. Hier ißt Regisseur Michelangelo Antonioni gerne auf der Terrasse Wildtauben im Tontopf (Mo geschl.).

Von Spello nach Spoleto – Spello / Foligno

La Cantina, Via Cavour 2, Tel. 07 42 65 17 75. Lamm mit Artischocken, Tagliata (Filetstreifen) mit Rucola und Pasta mit Wildspargel. Vorzüglich! (Mi geschl.).

17 Foligno

Immer wieder von Erdbeben heimgesucht, blieben Foligno nur wenige alte Kirchen und Paläste. Dafür locken zahlreiche Modeboutiquen.

Um den durch den ersten Stoß des Erdbebens 1997 geborstenen Domturm von Foligno bangte tagelang die ganze Nation. Als er schließlich vor den Fernsehern der Welt zusammenstürzte, trauerten die Einwohner nicht lange, sondern setzten ein *ehrgeiziges Restaurierungsprogramm* für die betroffenen Bauten in Gang. Einige der beschriebenen Objekte werden noch nicht sofort zu besichtigen sein, doch Tatsache ist, daß die Besucher auch bisher eher wegen der gepflegten **Modeboutiquen** als wegen der Kunst nach Foligno kamen. Denn die mit 55 000 Einwohnern drittgrößte Stadt Umbriens ist anders. Sie liegt nicht malerisch am Berg, sondern satt in der Ebene, und sie lebt von Kleinindustrie statt Tourismus.

Die südliche Fassade des Duomo San Feliciano besitzt ein reich verziertes Portal und schöne Fensterrosen

TOP TIP Ein Aufenthalt lohnt besonders im September zur **Giostra della Quintana**. Dieses Turnier, bei dem zehn Reiter aus den zehn Stadtteilen in einem Ringelstechen gegeneinander antreten, ist das größte Ritterfestival Umbriens. Außerdem steht ein Umzug in historischen Kostümen auf dem Programm.

Geschichte Dank seiner verkehrsgünstigen Lage an der Schnittstelle der beiden Trassen der Via Flaminia entwickelte sich das antike **Fulginium** zu einem wichtigen Handelszentrum. Das rechtwinklige Straßennetz der Altstadt geht noch auf die römische Zeit zurück. Im 12. Jh. stieg Foligno zur freien Kommune auf. Unter kaiserlichem Schutz stehend, dominierte sie weite Teile Umbriens. Ab 1310 lenkte die mächtige Adelsfamilie der *Trinci* die Geschicke Folignos und der Valle Umbra. Ihre Herrschaft beendete 1439 *Kardinal Vitelleschi*, der die Stadt für den Kirchenstaat eroberte. 1472 wurde in Foligno das erste Buch in italienischer Sprache gedruckt, Dantes *Divina Commedia*. Bekanntester Sohn Folignos ist *Giuseppe Piermarini* (1734–1808), der Architekt der Mailänder Scala. Nach zahlreichen Erdbeben und Bombardements im Zweiten Weltkrieg präsentiert sich Foligno heute als moderne Kleinstadt.

Besichtigung An der zentralen Piazza della Repubblica stehen die wichtigsten Bauwerke Folignos, so auch der **Duomo San Feliciano**, an dem viele Generationen mitgewirkt haben. Vom namentlich belegten Baumeister *Attus*, der 1113 den Anfang machte, bis ins 20 Jh., als das funkelnde Stiftermosaik mit Papst Leo XIII. an der Hauptfassade angebracht wurde. Dazwischen liegt die Renaissancekuppel von *Antonio da Sangallo d. J.* und *Cola di Caprarola* sowie die klassizistische Neugestaltung durch Giuseppe Piermarini.

Interessanter als die Hauptfassade von 1133, die bei den Umbauten im 20. Jh. doch stark verändert wurde, ist die 1201 entstandene **südliche Fassade**. Das mehrfach gestaffelte Portal, durch das man ins Querhaus gelangt, besticht durch seine reichen Verzierungen, Evangelistensymbole und Sternzeichen. In die Türpfosten sind zwei Porträts eingemeißelt. Lokale Tradition deutet sie als Kaiser Friedrich Barbarossa und den Bischof Anselmo degli Atti. Beachtenswert sind ferner die gotischen Rosetten und Maßwerkfenster.

Foligno

Mittelalterliche Ritterspiele, hier Ringelstechen, zählen zu den Höhepunkten der Giostra della Quintana in Foligno

Der **Innenraum** mit seinen Renaissancepfeilern und dem Altartabernakel im Stile Berninis wirkt fast römisch. Im linken Querhaus erinnert eine Kopie an Raffaels berühmte ›Madonna di Foligno‹ (heute Rom, Vatikanische Bibliothek). Von hier gelangt man in die *Cappella del Sacramento*, einen bemerkenswerten Zentralbau von Antonio da Sangallo d. J. von 1527. In der Sakristei werden zwei Marmorbüsten der Familie Roscioli aufbewahrt, die man Gian Lorenzo Bernini zuschreibt.

Der an der Ecke zur Via Gramsci gelegene **Palazzo Trinci** (zur Zeit geschlossen), Mitte des 19. Jh. mit einer klassizistischen Fassade versehen, hat im Laufe der Jahrhunderte schon einiges ertragen müssen. 1389–1407 als einer der ersten großen Familienpaläste Italiens erbaut, wurde er 1832, 1979, 1984 und 1997 durch Erdbeben beschädigt sowie 1944 durch Fliegerbomben getroffen.

Die Palastkapelle beeindruckt durch einen 1424 von *Ottaviano Nelli* geschaffenen Freskenzyklus mit Darstellungen aus dem Leben Mariä. Weitere Räume, so die um 1420 von einem unbekannten Künstler freskierte *Sala delle Arti Liberali e dei Pianeti* (Saal der Freien Künste und der Planeten), zeigen ein interessantes Bildprogramm. Daneben birgt der Palazzo die *Pinacoteca Civica* und das *Museo Archeologico*, die aber bereits seit längerem zwecks Neugestaltung geschlossen sind. Durch die Schäden von 1997 dürfte sich ihre Wiedereröffnung weiter verzögern.

Die Südseite der Piazza della Repubblica dominiert die klassizistische Säulenfassade des bombastischen **Palazzo Comunale**. Darüber ragt die alte Torre Comunale empor, der Stadtturm des 15. Jh.

Im Boden versunken – der Eingang von S. Maria Infraportas liegt unterhalb des heutigen Straßenniveaus

Von Spello nach Spoleto – Foligno / Abbazia di Sassovivo

Über die **Via Gramsci** und die rechts abzweigende Via Scuola Arte e Mestieri gelangt man zur **Chiesa San Nicolò**, die Werke des führenden Künstlers der Schule von Foligno, *Nicolò di Liberatore, gen. Alunno* (ca. 1430–1502), bewahrt. Rechts hängt einer seiner Flügelaltäre, den die Franzosen 1812 verschleppten und 1817 – ohne die Predella, die heute im Louvre hängt – zurückgaben. Ein weiteres Gemälde Alunnos, die ›Anbetung des Christuskindes‹, zeigt im Hintergrund eine Stadtansicht Folignos.

Am Ende der Via Gramsci stößt man auf die älteste Kirche Folignos, **S. Maria Infraportas**, die mit ihrer Vorhalle und der weiß-rot-gebänderten Fassade Blickfang der Piazza San Domenico ist. Um 1100 errichtet, liegt sie heute etwas tiefer als das Bodenniveau. Den Innenraum bedecken weitere Fresken der folignatischen Schule.

Praktische Hinweise

Information: IAT Piazza Garibaldi 12, Tel. 07 42 35 04 93, Fax 07 42 34 05 45

Hotel
*** **Villa Roncalli**, Viale Roma 25, Tel. 07 42 39 10 91, Fax 07 42 39 10 01. Stilvoll schlafen und erlesen speisen in einer Jugendstilvilla. Das schönste Hotel Folignos.

Restaurants
Il bacco felice, Via Garibaldi 73, Tel. 07 42 34 10 19. Enoteca mit riesiger Weinauswahl und traditionellen Hülsenfrüchtesuppen (Mo geschl.).

Le Mura, Via Mentana 25, Tel. 07 42 35 73 44. Dieses Restaurant hat sich der Wiederbelebung der Barockküche verschrieben: Hier gibt es köstliche Pasteten (Di geschl.).

18 Abbazia di Sassovivo

Meditieren in einer verlassenen Abtei.

Grüne Bergwälder, Klöster, naturverbundene Abgeschiedenheit: In Sassovivo werden diese Umbrienklischees wahr. Bereits um das Jahr 1000 hatten sich Benediktinermönche am *Monte Cologna* niedergelassen. Von Foligno aus ist die auf 520 m Höhe gelegene verlassene **Abtei** in östlicher Richtung über eine Stichstraße von 4 km (N 77) zu erreichen. Heute finden hier während der Sommermonate Meditationskurse statt. Hauptsehenswürdigkeit des alten Klosters ist der um 1230 entstandene **romanische Kreuzgang**, der 1998 wegen Erdbebenschäden restauriert wurde. Der Architekt und Steinmetz *Pietro di Maria* fertigte in Rom 128 Säulchen und 58 Bogenstücke, die anschließend in Sassovivo zusammengesetzt

Baukastensystem – die einzelnen Säulchen und Bogenstücke des Kreuzgangs wurden in Rom vorgefertigt und in Sassovivo zusammengesteckt

wurden. Die Doppelstellung der Säulen und die Spiralmusterung ihrer Schäfte erinnern an römische Kreuzgänge, z. B. San Paolo fuori le Mura.

In **Fontanelle**, im Tal unterhalb der Abtei, wird eines der besten umbrischen Mineralwasser abgefüllt. Das Sassovivo (›lebendiger Fels‹) kann man direkt an der Quelle kaufen. Ganz in der Nähe der Abtei liegt auch **Pale**, das einst für seine Papiermühlen berühmt war. Wanderfreunde können von hier in etwa 30 Min. die an den Fels geklemmte Einsiedelei **S. Maria in Giacobbe** erreichen.

 19 **Bevagna**

Hier predigte der hl. Franziskus zu einer Vogelschar.

Bevagna war Schauplatz der Vogelpredigt des hl. Franziskus. Seit dieser Zeit scheint sich hier nicht viel verändert zu haben. Die Piazza Silvestri jedenfalls hat ihr authentisches Mittelalterflair durch die Jahrhunderte gerettet.

Geschichte In der Antike profitierte **Mevania** von seiner Lage an der Via Flaminia, deren Trasse im Ortsbereich noch heute durch den Corso markiert wird. Als eine der letzten Städte Umbriens wurde Bevagna zum Christentum bekehrt, ihr erster Bischof, der *hl. Vicenzo*, starb um 300 während der Christenverfolgungen unter Diokletian den Märtyrertod. Im Mittelalter verwüsteten staufische Truppen die freie Kommune gleich zweimal, 1152 und 1249. Die bis heute unversehrte Stadtmauer mit sechs Toren entstand im 12. Jh., als Bevagna unter den politischen Einfluß von Foligno geriet. Heute lebt der 4500 Einwohner kleine Ort hauptsächlich von Oliven- und Weinanbau sowie dem Tourismus. Das früher blühende Handwerk der Hanfseilwinderei ist fast völlig zum Erliegen gekommen. Lediglich beim *Mercato delle Gaite*, einem urigen Mittelalterkostümfest im Juni, läßt man diese Tradition wieder aufleben.

Besichtigung Der Akkord dreier mittelalterlicher Kirchen dominiert die *Piazza Silvestri*. Auch wenn die Innenräume derzeit nach Mauerrissen infolge des Erdbebens 1997 erst wieder besuchersicher gemacht werden müssen, lohnt allein die geballte steinerne Wucht der Fassaden den Besuch. Der **Duomo San Michele**

Der Duomo San Michele in Bevagna ist nur eine von drei mittelalterlichen Kirchen auf der Piazza Silvestri

(Ende 12. Jh.) wurde in den klaren blockhaften Proportionen umbrischer Romanik von den Baumeistern *Rodulfus* und *Binellus* erbaut. Im Innenraum, aus dem die Barockverkleidung entfernt wurde, fällt die hochgelegene Altarzone auf, ein typisches Merkmal umbrischer Romanik.

Bereits 1195 hatte Binellus gegenüber vom späteren Dom eine erste Kirche errichtet, **San Silvestro**. Besonders sehenswert sind die Drachen-Löwenkämpfe in der Portalplastik. Die dritte im Bunde der mittelalterlichen Kirchen an der Piazza Silvestri ist **San Domenico**, die allerdings ›erst‹ im 14. Jh. entstand. Im Innenraum, durch das Beben 1997 beschädigt, erzählen Fresken das Leben des spanischen Ordensgründers. Auf der nördlichen Seite schließt der **Palazzo dei Consoli** mit einer Freitreppe den Platz ab. Hier ist nicht nur die Touristeninformation untergebracht, sondern bereits seit 1866 auch ein allerdings meist geschlossenes Theater.

Von Spello nach Spoleto – Bevagna / Montefalco

Beim Spaziergang durch den stillen Ort lassen sich manche Entdeckungen machen, etwa der öffentliche Waschplatz bei der Porta Todi (hinter San Silvestro), der noch heute benutzt wird, oder stark verbaute Reste eines römischen Podiumtempels an der Piazza Garibaldi. In der Via Guelfa Nr. 2 ist ein römisches Schwarz-Weiß-Mosaik mit Meeresungeheuern freigelegt worden, und bei der Kirche San Francesco folgen die Gassen noch den Kurven des einstigen römischen Theaters.

Praktische Hinweise

Unterkünfte

Il Calesse, Frazione Torre del Colle, Via San Giovanni 32, Tel. 07 42 36 06 60. Auf diesem alten Bauernhof wird alles selbst gezogen, von Linsen bis zu Lämmern, von Wein bis zum Schwein. Sechs Appartements mit Halbpension.

Monastero S. Maria del Monte, Corso Matteotti 15, Tel. 07 42 36 01 33, Fax 07 42 36 01 35. Schlichte Herbergszimmer bei benediktinischen Nonnen.

Restaurants

Da Nina, Piazza Garibaldi 6, Tel. 07 42 36 01 61. Gans mit Linsen oder Stringozzi-Nudeln mit Trüffeln in 60er-Jahre-Trattoria (Di geschl.).

La Vecchia Cucina, Gualdo Cattaneo, Locanda Marcellano, Tel. 0 74 29 72 37. Hier werden die Nudeln noch hausgemacht. Und als zweiten Gang gibt es Wildschwein oder Schmorlamm. Das Restaurant lohnt die 10 km Umweg (Mo geschl.).

Ottavius, Via Gonfalone 4, Tel. 07 42 36 05 55. Fleisch vom Holzkohlenrost in Räumen des 17 Jh. (Mo geschl.).

 20 Montefalco

Brombeerroter Sagrantino auf dem ›Balkon Umbriens‹.

Montefalco, ein Name der die Augen von Rotweinkennern leuchten läßt. Doch vor einer Weinkost des hochgeschätzten unverschnittenen **Sagrantino** hat das abgeschiedene und wohlkonservierte Städtchen einige andere Highlights zu bieten: einen traumhaften Rundblick auf die *Valle Umbra* und die *Monti Martani*, der den Ehrentitel ›ringhiera dell'Umbria‹ (Balkon Umbriens) vollauf rechtfertigt, sowie eine der besten Gemäldesammlungen der Region.

Geschichte Das seit der Römerzeit besiedelte **Coccorone** wurde 1249 durch Truppen *Friedrichs II.* zerstört. Aufgrund des Falkenreichtums der nahen Martanischen Berge nannte man den wiederaufgebauten Ort Montefalco. Im 14. Jh. (1320–55) ließen die *Päpste* das Herzog-

Auf den Hügeln rund um die Weinstadt Montefalco wachsen Oliven, aber auch die Trauben für den berühmten Sagrantino

Montefalco

Schlüsselerlebnis – mit der Lossagung von seiner Familie ist der hl. Franziskus frei für seine wahre Bestimmung. Fresko von Benozzo Gozzoli, Museo di San Francesco, Montefalco

tum Spoleto von hier aus verwalten. Der in dieser Zeit von Maitani errichtete Papstpalast ist nicht mehr erhalten. Einem Intermezzo (1383–1439) der Familie *Trinci* aus Foligno folgte die neuerliche Inbesitznahme der Kirche. Bis heute hat sich der Ort seinen unverfälscht mittelalterlichen Charme bewahrt.

Besichtigung Von der Porta Sant'Agostino führt der steile Corso Mameli bergauf zum Hauptplatz, der weiten und etwas öden fünfeckigen Piazza del Comune, an der sich mehrere Weinläden angesiedelt haben. Der riesige, 1270 entstandene **Palazzo Comunale** beherrscht den Platz. An der in der Renaissance angefügten Bogenstellung prangt das Stadtwappen von Montefalco: ein Falke über sechs Bergen.

Wenige Schritte weiter auf der Via Ringhiera Umbra liegt rechts die reich freskierte ehem. Kirche San Francesco. Seit 1895 zeigt hier das **Museo di San Francesco** (Di–So 10.30–13 und 14.30–17 Uhr) eine der schönsten kleineren Gemäldesammlungen Umbriens. Beim Erdbeben 1997 wurde der Bau leicht beschädigt. So werden die restaurierungsbedürftigen Franziskusfresken des Florentiners *Benozzo Gozzoli* (1420–1497) in der Apsis der einstigen Kirche zunächst nur vom Gerüst aus zu besichtigen sein. Seine märchenhaft eingefärbte Renaissance-Interpretation bildet ein reizvolles Kontrastprogramm zu Giottos Bildern in Assisi: Höhepunkte des zwölfteiligen Zyklus bilden die analog zur Darstellung der ›Geburt Christi‹ im Stall angesiedelte Geburt des Heiligen, die Vogelpredigt mit einer Montefalco-Vedute und der grüne Palazzo aus dem Traum Innozenz III. Zur ursprünglichen Freskenausstattung der Kirche gehört ferner eine ›Anbetung der Hirten‹ von *Perugino*. Daneben sind die zahlreichen Bilder der *Schule von Foligno* vom 14. bis 16. Jh. sehenswert, darunter Arbeiten des aus Montefalco stammenden *Francesco Melanzio*.

Weitere Kirchen sind in der Unterstadt zu besichtigen. Durch die Porta Federico II, einem mit staufischem Doppeladler geschmückten Stadttor, erreicht man die reizvolle **Chiesa S. Chiara**. Die der hl. Klara von Montefalco, einer stigmatisierten Augustinerin, geweihte Barockkirche birgt ein Kleinod des 14. Jh.: Die *Cappella di S. Croce*, der ehem. Chor der 1303 errichteten Vorgängerkirche, schmückt eine große sienesische Kreuzigung von 1333 mit 45 Figuren. Am Ende der Via Verdi, außerhalb der Stadtmauern, liegt die stimmungsvolle **Pieve S. Fortunato** von 1442. Für diese ländliche Pfarrkirche malte *Benozzo Gozzoli* u.a. ›Maria mit Kind und den hll. Franziskus und Bernhardin‹, das Fresko der Rosenkapelle mit dem sich nackt in den Dornen wälzenden Franziskus stammt von der Hand *Tiberio d'Assisis* (1512).

83

Von Spello nach Spoleto – Montefalco / Trevi

Selbstbewußt verewigte sich der umbrische Maler Pinturicchio in der Cappella Baglioni im Dom von Spello

Land der Maler

Umbrien ist tiefste Provinz, doch in der Malkunst entstanden hier Werke von Weltrang. Nach den frühen spoletinischen Triumphkreuzen hatte ein umbrischer Kirchenbau Initialfunktion: die Basilica San Francesco in Assisi, für deren Ausschmückung die führenden Maler Italiens engagiert wurden, Toskaner wie **Cimabue** *und* **Giotto**, **Pietro Cavallini** *und die Römische Schule sowie* **Pietro Lorenzetti** *und* **Simone Martini**, *die die elegant-höfischen Tendenzen der Kunst Sienas vertraten. Mit dem Schauplatz Assisi, mit dem intensiven Austausch lokaler Bildtraditionen, begann der furiose Sturmlauf der italienischen Malerei hin zur Renaissance. Die* **Umbrische Schule** *hat ihren Teil dazu beigetragen. Besonders Perugia etablierte sich als Kunstmetropole und gab mit einer Malertrias der Frührenaissance entscheidende Impulse.* **Perugino**, *der äußerst produktive Lehrer Raffaels, besticht durch Kompositionen und seine zarten umbrischen Phantasielandschaften.* **Pinturicchio** *mit seinen Märchenbildern schafft den Sprung nach Rom als päpstlicher Hofmaler. Und der umbrisch geschulte* **Raffael** *galt jahrhundertelang als die Vollendung der Malkunst schlechthin. Sein Frühwerk läßt sich in Città di Castello und der Kirche San Severo in Perugia studieren. Ungefähr zur gleichen Zeit hinterläßt* **Luca Signorelli** *in Orvieto die Weltgerichtsfresken, die Michelangelos künstlerische Entwicklung stark beeinflußt haben.*

Praktische Hinweise

Hotels
** **Ringhiera Umbra**, Via Mameli 20, Tel./Fax 07 42 37 91 66. Kleiner Familienbetrieb an der Hauptstraße mit Metzgerei und Hotel. Hauseigene Wein-, Olivenöl- und Schinkenherstellung.
Lorella Cordella, Castel Ritaldi, Torregrosso 41, Tel. 0 74 35 13 12, Fax 0 74 35 12 24. Nette Privatzimmer in einem kleinen mittelalterlichen Borgo 20 km südlich von Montefalco.

Restaurants
Coccorone, Largo Tempestivi, Tel. 07 42 37 95 35. Das gehobene Speiselokal bietet u.a. Filet mit Sagrantino und geröstetes Lamm (Mi geschl.).
Rocca dei Fabbri, Locanda Fabbri, Tel. 07 42 39 93 79. Die einzige Adresse, bei der man ohne Vorbestellung Sagrantino direkt beim Hersteller verkosten kann.

21 Trevi

Das Kleinod unter den Bergstädtchen der Valle Umbra.

Als eine der Traumkulissen Umbriens ist Trevi obligatorischer Fotostop von der Schnellstraße aus. Wer den gewundenen Weg zwischen silbern flirrenden Olivenhainen hinauffährt, erlebt einen kleinen, stillen, fast ausgestorbenen Ort, der nur in den Sommermonaten und beim größten Volksfest zu etwas Leben erwacht: Bei der *Sagra del Sedano Nero* im Oktober wird der berühmte zarte Stangensellerie Trevis mit Olivenöl ausgeteilt.

Beliebter Treffpunkt ist die Piazza Mazzini. Hier steht unter der Loggia des **Palazzo Comunale** (14. Jh.) ein riesiges antikes Ölfaß. Der **Duomo**, an der höchsten Stelle des Ortes errichtet, ist dem armenischen Märtyrer *Sant'Emiliano* geweiht. Im Inneren entdeckt man die Marterwerkzeuge des Heiligen. Nur zu Aufführungen geöffnet ist leider das **Teatro Clitunno**. Den Bühnenvorhang ziert eine bezaubernde Historienmalerei des Umbrers *Domenico Bruschi* (1840–1910), ›Kaiser Caligula befragt das Clitumnusorakel‹. Ein Spaziergang unter schattigen Maronen vom Parkplatz Piazza Garibaldi zur kleinen **Chiesa San Martino** bietet schließlich herrliche Blicke nach Spello und Assisi.

Trevi / Tempio del Clitunno

Eine wahrhaft malerische Lage – Trevi ist das schönste unter den zahlreichen Bergstädtchen der Valle Umbra

Praktische Hinweise

Hotels

*** **Trevi Hotel**, Via Fantosati 2, Tel. 07 42 78 09 22, Fax 07 42 78 07 72. Kleines behagliches Hotel im Ort.

** **Il Terziere**, Via Salerno 1, Tel. 0 74 27 83 59. Acht Zimmer und preisgünstige Hausmannskost inmitten von Olivenhainen. Man serviert Kaninchen mit Oliven und selbstgemachte *crostata*, Marmeladentorte (Restaurant Mi geschl.).

 22 **Tempio del Clitunno**

Eine aus antiken Bauteilen zusammengesetzte frühchristliche Kirche.

Im 18. und 19. Jh. war die viersäulige Front des Clitumnus-Tempels ein Bestseller unter den Italienveduten, in Tausenden und Abertausenden von Stichen vervielfältigt. Denn für die Reisenden jener Tage war er schlichtweg der erste Tempel, den sie auf dem Weg nach Rom erblickten. Das ideale Souvenir und doch eine Täuschung, denn die vermeintliche antike Kultstätte des Quellgottes Clitumnus ist – eine **frühchristliche Kirche**. Die Langobarden aus dem nahen Spoleto haben sie im 6./7. Jh. aus antiken Spolien errichtet und mit einer christlichen Inschrift geschmückt. Die Wandmalereien im Inneren der Kirche werden ins 8. Jh. datiert (Di – So 9 – 12 und 16 – 19 Uhr, im Winter 9 – 12 und 15 – 18 Uhr).

Südlich des Tempels sprudeln in einem Zypressenhain unentwegt die **Fonti del Clitunno**, deren schneekühles Wasser schon *Plinius* und *Vergil* gepriesen hatten. Und italienische Schüler lernen noch heute den Clitumnus-Hymnus des

Reisende früherer Jahrhunderte hielten den Tempio del Clitunno, eine frühchristliche Kirche, noch für einen antiken Tempel

Von Spello nach Spoleto – Tempio del Clitunno / Spoleto

Südlich des Tempio del Clitunno sprudeln die Fonti del Clitunno

Nobelpreisträgers Giosuè Carducci auswendig: Salve Umbria verde …! Gourmets hingegen werden hier bei getrüffelten Forellen aus dem Fischzuchtbecken auf ihre Kosten kommen.

Praktische Hinweise

Hotel
Vecchio Mulino, Campello sul Clitunno, Tel. 07 43 52 11 22, Fax 07 43 27 50 97. Wunderschöne Unterkunft in einer restaurierten alten Wassermühle direkt unterhalb des Tempels (Nov.–März geschl.).

Restaurants
Da Piero il Palazzaccio, Via Flaminia 134, Tel. 07 43 52 01 68. Eines der besten Restaurants Umbriens präsentiert u. a. Artischockenravioli, traumhaftes *pollo alla cacciatora* (Jägerhuhn) und geröstetes Kalbfleisch zu maßvollen Preisen (Mo geschl.).
Parco del Clitunno, Via Flaminia 3, Tel. 07 43 52 10 52. Einfaches volkstümliches Gartenlokal direkt bei den Fischzuchtbecken. Alles fangfrisch, Forellennudeln und Süßwasserkrabben (im Winter Mo geschl.).

23 Spoleto

Das größte Festival Umbriens lockt Musikliebhaber aus aller Welt nach Spoleto.

»Lieber wäre ich Küster Klimm in Norwegen als Erzbischof zu Spoleto«, hatte einst Johann Gottfried Seume geschmäht. Da hat sich einiges geändert. Noch im-

Das umbrische Salzburg – Stadtansicht von Spoleto mit dem Duomo S. Maria Assunta und der Rocca Albornoz

Spoleto

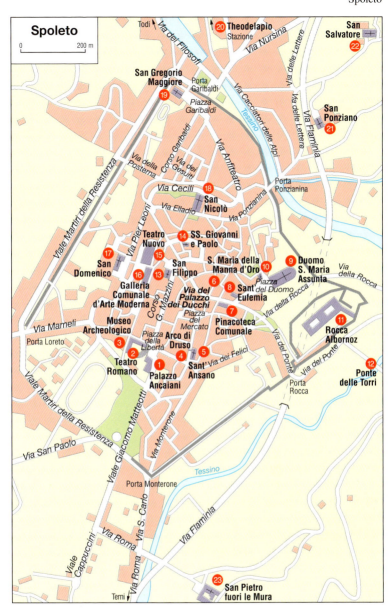

mer ist Spoleto das knorrigste, dunkelste und steilste der umbrischen Zentren. Aber seit der in New York lebende italienische Opernkomponist Giancarlo Menotti hier 1958 das **Festival dei due Mondi** (Ende Juni–Mitte Juli) begründete, hat es sich zu einem Kultort umbrischen Lifestyles entwickelt. Der großzügige Domplatz mit der glitzernden Mosaikfassade, die luxuriösen Antiquitätengeschäfte, die vorzüglichen Trüffeltrattorien und die *passeggiata* zum gigantischen Aquädukt sind die bevorzugten Schauplätze der Schönen und Schicken.

Geschichte   241 v. Chr. bauten die Römer die alte umbrische Siedlung **Spoletium** zu einer starken Festung aus, die den Somma-Paß kontrollierte. Nur wenige Jahre später, 217 v. Chr., biß sich sogar *Hannibal* an den Mauern der hoch über

Von Spello nach Spoleto – Spoleto

In die Zange genommen – die mittelalterliche Bebauung Spoletos nahm nur wenig Rücksicht auf den römischen Arco di Druso

dem Tessino-Fluß aufragenden Stadt die Zähne aus. Ihre starken antiken Mauern und ihre strategische Position machten Spoleto auch während der Völkerwanderung zu einem wichtigen Zentrum. Die *Langobarden* ernannten es 571 zur Hauptstadt eines Ducato (Herzogtum), zwei ihrer Fürsten, Guido und Lambert, brachten es im 9. Jh. gar zu Kaisern. Erst 1155 brach *Friedrich Barbarossa* die Macht Spoletos und zerstörte die Stadt, die sich 1198 dem Papst unterstellte. Von der Zitadelle Rocca Albornoz wurde in den folgenden Jahrhunderten ganz Umbrien regiert, u. a. 1499 von Lucrezia Borgia. Und die vielen Barockbrunnen künden vom Glanz des nahen Rom: Immerhin war *Urban VIII.*, der bauwütige Barberini-Papst mit dem Bienenwappen, einst Erzbischof von Spoleto.

Oberstadt

Der Besuch der steilen und verwinkelten Oberstadt beginnt an der Piazza della Libertà. Der **Palazzo Ancaiani** ❶, der den Platz im Süden begrenzt, wurde im 17. Jh. über Bögen des **Teatro Romano** ❷ errichtet. Das 3000 Zuschauer fassende Theater aus dem 1. Jh. n. Chr. – erst 1954 durch Abtragung des aus dem 11. Jh. stammenden Klosters Sant'Agata freigelegt – gehört heute zu den stimmungsvollsten Aufführungsorten des Festival dei due Mondi. Gleich nebenan präsentiert das **Museo Archeologico** ❸ (tgl. 9–19 Uhr) eine ›Inkunabel der Umweltschutzgesetzgebung‹: Die *Lex Spoletina*, zwei Gesetzestafeln von 241 v. Chr., stellte das Abholzen der Bäume in den heiligen Wäldern des Monteluco unter Strafe. Daneben zählen römische Porträtköpfe und örtliche Keramiken zu den Exponaten des Museums. An der Piazza Libertà befindet sich auch das Tourismus- und Festivalbüro.

Ein schöner Brunnen und nette Cafés bilden die Anziehungspunkte der zentralen Piazza del Mercato

Im Zentrum des Geschehens – Fra Filippo Lippi bemalte die Apsis des Doms von Spoleto mit Szenen aus dem Marienleben, u.a. der Krönung Mariä

Nun geht es steil bergauf über die Piazza Fontana zum ehem. Gelände des römischen Forums. Den Eingang zum antiken Marktplatz bildete der heute etwas in die Straße eingesunkene **Arco di Druso** ❹, der 23 n.Chr. vom Stadtsenat für Drusus und Germanicus (den leiblichen Sohn und den Adoptivsohn von Kaiser Tiberius) gestiftet wurde. Die flankierende **Chiesa Sant'Ansano** ❺ entstand über den Fundamenten eines römischen Tempels, antike Bauteile sind in ihrem Mauerwerk zu erkennen. Im Inneren kann die Krypta *Sant'Isacco* (12. Jh.) mit mehreren Fresken besichtigt werden. Auf der sich anschließenden Piazza del Mercato wird ein malerischer Vormittagsmarkt abgehalten. Ein Blick auf das Bienenwappen Urbans VIII. am barocken Marktbrunnen, dann geht es weiter zu den edlen Antiquitätengeschäften der **Via del Palazzo dei Ducchi** ❻. Die mittelalterlichen Läden besitzen noch ihre originalen gemauerten Verkaufstresen. Rechts führt die Via Saffi zum großen mittelalterlichen *Palazzo Comunale*, der nach einem Erdbeben um 1780 eine neue Fassade erhielt. Im ersten Stock präsentiert die **Pinacoteca Comunale** ❼ (Di – So 10–13 und 15–18 Uhr) u. a. eine Sammlung früher umbrischer Triumphkreuze. Unter der rechten Flanke des Palazzo zeigt dem Museumskustode auf Wunsch Reste eines *römischen Hauses* des pompejanischen Typs, bei dem die Wohnräume um einen zentralen Innenhof gruppiert sind. Mosaike datieren den Bau in das 1. Jh. n. Chr. Es soll Polla, der Mutter Kaiser Vespasians, gehört haben.

Gegenüber der Pinakothek kann man die in einem Innenhof des Erzbischöflichen Palais' verborgene **Chiesa Sant' Eufemia** ❽ besuchen. Die im 12. Jh. im lombardischen Stil errichtete dreischiffige Basilika besitzt in ihrem Inneren ein Emporengeschoß – in Umbrien eine absolute Seltenheit.

Großartig ist das Gefühl, auf der Treppe der Via dell'Arringo zum weiten Vorplatz des mosaikfunkelnden **Duomo S. Maria Assunta** ❾ mit seinem Campanile hinunterzuschreiten. Nach der Zerstörung des alten Doms 1155 durch Kaiser Barbarossa nahm man sofort den Neubau in Angriff, der 1198 durch *Papst Innozenz III.* persönlich geweiht wurde. Die **Tafelfassade** mit ihren acht Fensterrosen gehört zu den prächtigsten Umbriens. Das Mosaik von 1207 zeigt Christus als Weltenherrscher mit Maria und Johannes. Gefertigt hat es ein *Doctor Solsternus*, der sich, wie die gereimte Inschrift zeigt, offensichtlich als modernus empfand.

Durch den Portikus – eine Zutat der Renaissancezeit – betritt man den **Innenraum**, den Papst Urban VIII. 1638 bis auf Apsis und Fußboden barockisieren ließ. Die Büste dieses Mäzens Spoletos, gemeißelt von keinem Geringeren als *Gian Lorenzo Bernini*, ist über dem Eingangsportal zu sehen. Moderne Mäzene

Von Spello nach Spoleto – Spoleto

haben dafür gesorgt, daß ein kostbares Frühwerk der italienischen Malerei restauriert wurde und nun in der ersten Kapelle links ausgestellt werden kann: Das bemalte Triumphkreuz von *Albertus Sotius* (1187) repräsentiert die Anfänge einer eigenständigen umbrischen Kunst. Man achte auf den byzantinischen Gesichtsschnitt des aufrecht stehenden Gottessohnes. *Fra Filippo Lippi*, Metzgersohn, Mönch, heißblütiger Nonnenverführer und Lehrer Botticellis, hat als sein letztes Werk 1467–69 in der Domapsis ein **Marienleben** geschaffen. Nach seinem Tod wurde der Zyklus von seinen Schülern *Fra Diamante* und *Pier Matteo d'Amelia* fertiggestellt. Die Szenen reichen von der ›Verkündigung‹, dem ›Marientod‹ und der ›Himmelfahrt‹ bis zur ›Marienkrönung‹ in der Kalotte. Auf der rechten Seite der Sterbeszene kann man die Porträts des Malers, seines Nonnensohnes Filippino sowie seiner beiden Mitarbeiter entdecken. Die byzantinische Ikone in der rechten Chorkapelle war 1185 ein Geschenk des alternden Barbarossa – als Wiedergutmachung für die Zerstörungen, die er in der Stadt angerichtet hatte. Im rechten Querarm ist Filippo Lippi in einem Humanistengrab, das von Lorenzo de' Medici in Auftrag gegeben wurde, bestattet. Das Altarbild ›Madonna mit Kind und Heiligen‹ schuf Annibale Carracci. Die beiden Kapellen des Bischofs Eroli gleich rechts beim Eingang wurden von Pinturicchio, Jacopo Siciliano und den Veroneser Brüdern Torresani ausgemalt. Zentrales Thema ist die Himmelfahrt des Propheten Elias.

Schräg gegenüber, an der nördlichen Seite der Piazza del Duomo, wurde nach der Plünderung Roms 1527 eine Votivkirche errichtet. **S. Maria della Manna d'Oro** ❿ ist ein Zentralbau im Stile Bramantes. Nebenan stößt man auf einen der Schauplätze des Festivals, das Teatro Caio Melisso, das im 17. Jh. in den Palazzo della Signoria eingebaut wurde, und auf einen römischen Brunnensarkophag, der in Sommernächten Treffpunkt der Spoleter Jugend ist.

Über die Via Saffi gelangt man anschließend zur Piazza Campello, an der ein riesiger *mascherone*, eine Barockfratze, einem Brunnen Wasser spendet. Hier beginnt auch die erfrischende *passeggiata* um die 1367 von Gattapone für den kriegerischen Kardinal Albornoz geschaffene **Rocca Albornoz** ⓫. Die imposante rechteckige Stadtfestung, von sechs Türmen gekrönt, war über Jahrhunderte Sitz der päpstlichen Gouverneure, 1499 residierte hier Lucrezia Borgia, die Herzogin von Spoleto. 1860 verteidigten katholische irische Freiwillige die Rocca vergebens gegen die Truppen Italiens, das das päpstliche Bollwerk nach seinem Sieg zum Kerker machte. In den nächsten Jahren soll in der restaurierten Rocca ein

Auch ein Goethe irrt sich einmal – das von dem Dichter als Meisterwerk der antiken Ingenieursbaukunst gerühmte Aquädukt von Spoleto, der Ponte delle Torri, stammt in Wirklichkeit aus dem finsteren Mittelalter

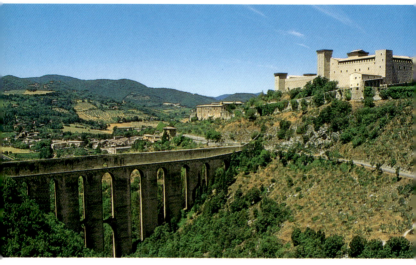

Museumszentrum eröffnet werden. Wer um die Anlage herumspaziert, kann auf der Rückseite ein technisches Wunderwerk des Mittelalters bestaunen. Der gigantische, zehnbogige, 80 m hohe und 230 m lange Acquedotto **Ponte delle Torri** ⑫, der die Tessino-Schlucht überspannt, wurde ebenfalls von dem Tausendsassa Gattapone errichtet. Goethe hielt den Riesenbau übrigens noch für antik.

Unterstadt

Der Spaziergang durch die Unterstadt beginnt ebenfalls auf der Piazza della Libertà. Von hier führt der breite Corso Giuseppe Mazzini direkt zur Barockkirche **San Filippo** ⑬. Für die Sakristei schuf der Bolognese Alessandro Algardi eine Marmorbüste des hl. Filippo Neri. Ein Altar im linken Querarm besitzt grünliche Marmorsäulen vom Clitumnus-Tempelbezirk. Nicht weit entfernt, im Gassengewirr jenseits der Piazza Mentana jedoch nicht ganz leicht zu finden, ist die kleine **Chiesa SS. Giovanni e Paolo** ⑭ (Via Valerio Corvino). 1174 geweiht, birgt sie kostbare Fresken, darunter die ›Ermordung des hl. Thomas Becket im Dom von Canterbury‹, die kurz nach seiner Kanonisierung 1173 entstanden sein dürfte. Eine Besonderheit, die der Tourist eher selten zu sehen bekommt, bemalte umbrische Bühnenvorhänge des 19. Jh., präsentiert das **Teatro Nuovo** ⑮ (1854–64). Eines dieser Schmuckstücke zeigt die Darstellung der ›Flucht Hannibals vor Spoleto‹. Etwas verborgen liegt auch die **Galleria Comunale d'Arte Moderna** ⑯ (Palazzo Rosari-Spada, Di–So 10–13 und 15–18 Uhr). Hier sind Arbeiten für einen der bedeutendsten italienischen Kunstpreise, den ›Premio Spoleto‹, ausgestellt, u. a. von Renato Guttuso, dem Umbrer Alberto Burri und von Alexander Calder.

In der Via Leoni stößt man auf die schwarz-rosa gestreifte einschiffige **Chiesa San Domenico** ⑰, die in ihrem Inneren interessante Fresken bewahrt. Gleich rechts ist der ›Triumph des hl. Thomas von Aquin‹ dargestellt. Der lesende Orientale zu Füßen des dominikanischen Kirchenlehrers spielt auf eines seiner Hauptwerke an, die Widerlegung des Islam in der 1261–64 verfaßten *Summa contra gentiles*. In einer der Langhauskapellen auf der linken Seite kann man einige Ansichten Spoletos aus der Barockzeit bewundern. Die baumbestandene Bastionsstraße Via Cecili bietet anschließend gute Gelegenheit, die antike Stadtmauer, deren unterste Blöcke aus dem 4. Jh. v. Chr. stammen, zu begutachten. In der Nachbarschaft, in der Via Gregorio Elladio, liegt die **Chiesa San Nicolò** ⑱, die 1512 Martin Luther während eines Spoleto-Aufenthaltes besuchte. Heute wird sie als Konzertsaal genutzt.

Altehrwürdig – Chiesa San Gregorio Maggiore in der Unterstadt von Spoleto

An der Piazza Torre dell'Olio erhebt sich der gleichnamige Befestigungsturm aus dem 13. Jh., von dem kochendes Öl auf Feinde geschüttet wurde. Der Weg durch die nahe gelegene, ebenfalls aus dem 13. Jh. stammende Porta Fuga führt direkt zur Piazza Garibaldi mit der altehrwürdigen **Chiesa San Gregorio Maggiore** ⑲. Ihr Campanile ruht auf antiken Fundamenten. Die 1079–1146 erbaute Basilika ist mit ihrer erhöhten Chorpartie ein sehenswertes Beispiel für umbrische Romanik.

Wer moderne Kunst schätzt, pilgert über den Tessino-Fluß auf der Viale Trento e Trieste zum **Theodelapio** ⑳, einer 18 m hohen Eisenplastik, die der gefeierte amerikanische Neokonstruktivist *Alexander Calder* 1962 aufstellte.

Von hier aus kann man in einer Viertelstunde zwei wichtige, außerhalb der

Von Spello nach Spoleto – Spoleto

Idyll in den Weinbergen – San Pietro fuori le Mura

Stadt gelegene Kirchen aufsuchen. **San Ponziano** ㉑, im 12. Jh. errichtet, erinnert an den Stadtpatron von Spoleto und Utrecht, der hier 175 n. Chr. das Martyrium erlitt. Die schlichte Fassade mit Dreiecksgiebel wird von Eckpilastern gerahmt. Um die herausgebrochene Fensterrosette sind die Evangelistensymbole angebracht. Der Innenraum wurde 1788 klassizistisch umgestaltet, allerdings bewahrt die fünfschiffige Krypta noch einige interessante frühchristliche Sarkophage. Oberhalb des Friedhofs schließlich liegt die hochinteressante **Chiesa San Salvatore** ㉒. Vermutlich wurde sie im 4. Jh. unter Verwendung zahlreicher antiker Bauteile begonnen und im 8. Jh umgebaut. Besonders der hohe Chorraum, dessen fast ausschließlich antike Bauteile trotz der nicht immer passenden Zusammensetzung grandios wirken, lädt zu längerem Verweilen ein.

Am anderen Ende der Stadt, an der Straße nach Rom, besticht die **Chiesa San Pietro fuori le Mura** ㉓ durch ihre reichen Fassadenreliefs. Unter den Darstellungen fallen der Tod eines reuigen und eines verstockten Sünders auf. Während letzterer in kochendes Wasser gestürzt wird, befreit Petrus den ersten von den Höllenketten. Unter der Seelenwaage trauert der Teufel um die entgangene Seele. Desweiteren sieht man Bilder von Tierfabeln, darunter eine ernste Warnung für Bücherwürmer: Ein Widder entkommt einem Wolf, weil dieser in seiner Eitelkeit ein Buch zu lesen versucht.

> **TOP TIP** Wer sich nach dieser Belehrung lieber sportlich betätigen will, sollte den 804 m hohen heiligen Berg Spoletos, den **Monteluco**, besteigen. Ein schattiger Serpentinenweg, der beim Aquädukt [s. Nr. 12] beginnt, führt in ca. 2 Std. zu Kirchen, Klausen und der Gipfelterrasse mit Kurhotels und einer franziskanischen Einsiedelei.

San Pietro fuori le Mura besticht durch Fassadenreliefs, besonders sehenswert ist die Darstellung eines reuigen und eines verstockten Sünders oben links

Spoleto

Kein Hügel in Umbrien ohne franziskanische Einsiedelei – auch auf den Monteluco bei Spoleto haben sich die Franziskaner gerne zurückgezogen

Praktische Hinweise

Information: IAT, Piazza della Libertà 7, Tel. 07 43 49 89 90, Fax 07 43 46 24 1

Hotels

**** Albornoz Palace Hotel, Viale Giacomo Matteotti, Tel. 07 43 22 12 21, Fax 07 43 22 16 00. Erstes und größtes Haus am Platz, mit sehr gutem Service und schönem Blick auf die Rocca.

**** Dei Duchi, Viale Giacomo Matteotti, Tel. 07 43 44 45 41, Fax 07 43 44 45 43. Modernes Hotel, das aufgrund seiner Lage oberhalb des Teatro Romano besonders von Festivalgästen geschätzt wird.

TOP TIP ****** Gattapone**, Via del Ponte 6, Tel. 07 43 22 34 47, Fax 07 43 22 34 48. Charmantes, kleines Hotel mit 16 Zimmern und Garten in der Oberstadt. Von der Terrasse hat man einen traumhaften Blick auf das Aquädukt.

** Dell'Angelo, Via Arco di Druso 25, Tel./ Fax 07 43 22 23 85. Zentrales Hotel mit Antiquitäten und chinesischer Porzellansammlung.

Restaurants

Enoteca provinciale, Via Saffi 7, Tel. 07 43 22 04 84. Linsensuppe, Trüffelkäse, Norcia-Salami und die besten Weine der Region.

San Giuliano, Strada Monteluco, Tel. 07 43 47 77 97. Auf dem Weg zum Monteluco gelegenes Ausflugslokal. Besonders zu empfehlen sind die Strangozzi-Gerichte (Mi geschl.).

Trattoria dell'Arco di Druso, Via Arco di Druso 25, Tel. 07 43 22 16 95. Sämtliche Festivalplakate seit 1958 geben der Traditionsgaststätte den künstlerischen Touch.

Zimmer mit Aussicht – der Blick aus den Hotelfenstern des Gattapone fällt geradewegs auf das imposante Aquädukt

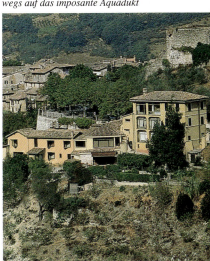

Blühender Süden – Römerruinen und Adelsvillen

Südumbrien, weitgehend unberührt vom ausländischen Tourismus, ist bislang noch ein Geheimtip römischer Urlauber, die die Abgeschiedenheit zu schätzen wissen. Die **Provinz Terni**, bevölkerungsärmer und wirtschaftlich schwächer als der Norden, präsentiert dafür ein fast süditalienisches Flair des Laisser-faire. Man genießt – meist für sich allein – die Adelsvillen des **Amerino**, die spontane Herzlichkeit bei einem der größten umbrischen Volksfeste, der *Sagra dell'Anello* im türmereichen **Narni**, oder die romantischen römischen Ruinen von **Otricoli** und **Carsulae**. Als Krönung dann ein faszinierendes Naturschauspiel für Maler, Dichter, Wanderer und Elektroingenieure – die schäumenden Kaskaden von Terni.

24 Terni

Alte Kirchen in moderner Provinzhauptstadt.

Zugegeben, die 1943/44 von alliierten Bombenangriffen stark zerstörte Provinzhauptstadt mit 120 000 Einwohnern ist nicht gerade das, was der Umbrientourist erwartet. Aber nach den vielen ›Rothenburgs‹ der Region kann es eine Erfrischung sein, in einer Industriestadt, die ihren modernen Rhythmus lebt, auf Entdeckung zu gehen. Außerdem lockt in der Umgebung – besonders seit Lord Byrons Italiengedicht *Childe Harold's Pilgrimage* – ein umbrisches Muß: die Wasserfälle von Terni.

__Geschichte__ Die Römer nannten die wahrscheinlich schon 672 v. Chr. gegründete Siedlung des Volksstammes der Naharsker **Interamna** (›zwischen den Flüssen‹), ein Name, der sich im Laufe der Jahrhunderte zu Terni abschliff. Immerhin soll hier, was keiner außer den Einheimischen so recht glauben mag, *Tacitus*, der genialste und polemischste Historiker der römischen Kaiserzeit, geboren worden sein. Permanente Parteikämpfe zwischen den Guelfen und den Ghibellinen bestimmten das Mittelalter, einschneidendes Trauma war 1174 die Plünderung der Stadt durch Barbarossas Truppen. Gut 700 Jahre später, kurz nach der italienischen Einigung, wurde Terni zur **Waffenfabrik** der jungen Nation ausgebaut: Der Wasserreichtum des *Ternano* und der benachbarten Wasserfälle bot klare Standortvorteile für die Stahlindustrie. 1943/44 folgte dann die Kriegskatastrophe, deren wirtschaftliche Schäden trotz der Neuorientierung auf chemische Industrie bis heute nicht verwunden sind.

__Besichtigung__ Zentrum Ternis ist die Piazza della Repubblica mit dem 1878 im Stil der Neorenaissance errichteten und im Zweiten Weltkrieg stark zerstörten **Palazzo Comunale** ❶. Die langjährigen Restaurierungsarbeiten sind inzwischen

◁ *Kein Schauspiel der Natur – der künstliche Wasserfall Cascata delle Marmore nahe Terni*

95

Blühender Süden – Terni

Zwischen modernen Wohnhäusern hat sich die kleine Chiesa San Salvatore erhalten

abgeschlossen. Die angrenzende weite Piazza Europa dominiert der **Palazzo Spada** ❷, das frühmanieristische Alterswerk des Petersdom-Baumeisters *Antonio Sangallo d.J.* (1485–1546). Man sollte nicht versäumen, einen Blick in den wohlproportionierten Innenhof zu werfen. Im Palazzo selbst ist heute die Stadtverwaltung untergebracht, daher können dessen Räume nicht besichtigt werden.

Von hier sind es nur wenige Schritte zur stimmungsvollen, zwischen modernen Straßen eingeklemmten **Chiesa San Salvatore** ❸. Reisende der Goethezeit hielten sie noch für einen antiken Sonnentempel, heute wird die überkuppelte Mittelrotunde meist ins 6. Jh. datiert. Die einst von Kriegsschäden stark in Mitleidenschaft gezogenen Fresken (Sienesische Schule, 14. Jh.) der links vom Langhaus abgehenden *Cappella Manassei* sind inzwischen vorbildlich restauriert worden.

Über Via Roma und Via Aminale gelangt man zur Piazza del Duomo. Ein moderner Brunnen mit den Allegorien der beiden Flüsse Nera und Velino erinnert an den antiken Stadtnamen Interamna. Auf der gegenüberliegenden Platzseite versucht der **Duomo S. Maria Assunta** ❹ mit der 1653 barockisierten **Fassade** seine romanischen Ursprünge zu verschleiern. Doch das gelingt nicht ganz, denn das marmorne Hauptportal stammt vom Vorgängerbau des 12. Jh. und zeigt feine Akanthusschnitzereien. Im barocken **Inneren** wurden Teile der romanischen Fassade freigelegt. Hauptsehenswürdigkeit im Innenraum ist der üppige Orgelprospekt, den *Luca Neri* 1647 nach einem Entwurf Berninis schnitzte. Unweit des Doms, in der Via del Vescovado, wurden die Überreste des **Anfiteatro Romano** ❺ ausgegraben. In der 32 n. Chr. entstandenen Anlage fanden als Bauma-

Die Barockfassade des Doms von Terni nimmt die gesamte Breite der Piazza del Duomo ein

Terni

Der Putz ist ab – das Amphitheater von Terni hat die Jahrhunderte nicht ganz schadlos überstanden, im Hintergrund erhebt sich der Dom

terial neben Kalksteinblöcken hauptsächlich kleine, diagonal verlegte Tuffsteinquader Verwendung (Opus-Reticulatum-Technik).

Von der Piazza del Duomo erreicht man über die Via XI Febbraio, eine der wenigen Gassen Ternis mit Altstadtcharakter, die hübsche kleine Malteserkirche **Sant' Alò** ❻. Den Innenraum schmücken kostbare romanische Kapitelle des 11. Jh. Nicht weit entfernt stößt man auf den *Palazzo Fabrizi*, der heute die **Pinacoteca Comunale** ❼ (Mo – Sa 10 – 13 und 16 – 19 Uhr) beherbergt. Das Museum präsentiert eines der expressivsten Gemälde umbrischer Passionsfrömmigkeit: die 1497 geschaffene ›Kreuzigung‹ von *Alunno* mit den trauernden hll. Franziskus und Bernhardin von Siena. Weitere wichtige Werke sind eine ›Vermählung der hl. Katharina‹ von *Benozzo Gozzoli* (1466) sowie ein Altarbild des ›Meisters der Verkündigung Gardner‹ (1485). Die moderne Sektion zeigt Werke der *Schule von Terni*, die sich in den 30er Jahren des 20. Jh. der Landschaftsmalerei widmete, sowie naive Terni-Ansichten des heimischen Künstlers Orneore Metelli.

Weiter nördlich lädt der Kirchplatz von **San Francesco** ❽ zu einer Rast. Im Innenraum der 1948/49 durchgreifend restaurierten Kirche des 13. Jh. sollte man die Fresken der *Cappella Paradisi* auf sich wirken lassen. Die um 1450 von *Bartolomeo di Tommaso* geschaffenen Bilder zeigen ›Jüngstes Gericht‹, ›Fegefeuer‹ und die dantesken Schrecken des ›Infernos‹ mit einem riesigen schwarzen Luzifer.

Mit einem Bummel über den Corso Cornelio Tacito kann man den Besuch Ternis gemütlich ausklingen lassen. Hauptattraktionen sind die Piazza Tacito mit der 1936 angelegten Fontäne und das

Die unscheinbare Chiesa San Francesco bewahrt in ihrem Inneren meisterliche Fresken

Pazzaglia (Nr. 10), die berühmteste Konditorei des Ortes. Alternativ empfiehlt sich ein erholsamer Spaziergang durch die Parks an den Ufern der Nera.

Ausflug

Ein touristischer Klassiker ist der Ausflug zu den vielgemalten und vielbesungenen Wasserfällen von Terni. Die 165 m hohe **Cascata delle Marmore** ist erstaunlicherweise von Menschenhand geschaffen. 271 v. Chr. ließ der Konsul *Manlius Curius Dentatus* einen Kanal graben, um den versumpften Velino-Fluß über die Kaskaden in die Nera abzuleiten. Da das Gefälle heute zur Stromgewinnung genutzt wird, sind die Wasserfälle nur selten und nach einem komplizierten Stundenplan (Informationen in Tourismusämtern und Hotels) in Betrieb. Ist der ›Wasserhahn‹ aufgedreht, lohnt der Ausflug zu dem antiken Ingenieurs-Spektakel (7 km Richtung Rieti). Wem von unten das richtige Foto nicht gelingt, der sollte auf der *strada superiore* den bei den Einheimischen beliebten Ausflugspark ansteuern. Von Pavillons aus kann man auf die sprühenden Wassermassen schauen und auf glitschigen Pfaden durch dichte Vegetation streifen.

Praktische Hinweise

Information: IAT, Viale Battisti 7, Tel. 07 44 42 30 47, Fax 07 44 42 72 59

Unterkünfte

**** **Valentino**, Via Plinio il Giovane 3, Tel. 07 44 40 25 50, Fax 07 44 40 33 35. Bahnhofsnahes Haus mit gutem Restaurant.

Casale Maratta, Via Maratta Bassa 25, Tel./Fax 07 44 30 02 48. Agriturismo mit sechs Zimmern, Schafszucht und eigenem Wein.

Restaurant

Villa Graziani, Papigno, Villa Valle, Tel. 0 74 46 71 38. Mondänes Terrassenrestaurant in der Dichtervilla Lord Byrons in der Nähe der Wasserfälle (So ab. und Mo geschl.).

25 Lago di Piediluco

Krebse und Kanus.

Der mit einem Umfang von 17 km zweitgrößte See Umbriens, direkt an der Grenze zu Latium gelegen, ist ein Familien-Ferienparadies mit sportlicher Note. Die Kanuten Italiens trainieren regelmäßig auf dem bis zu 19 m tiefen Gewässer. Zu ausgedehnten Wanderungen laden die bewaldeten Ufer ein. Römische Wochenendtouristen schlendern gern über die Treppenwege der Ortschaft Piediluco bis zur Rocca Albornoz und lassen sich die Fische und berühmten Süßwasserkrebse aus dem See schmecken. Nur das Baden

Abendstimmung über dem Lago di Piediluco, dem zweitgrößten See Umbriens

Lago di Piediluco / Narni

wird nicht unbedingt empfohlen – die Wasserqualität läßt zu wünschen übrig.

Praktische Hinweise

Restaurant
Belvedere da Giosefatta, Via Cioffi 3, Tel. 07 44 36 81 62. Familiäres, leicht chaotisch organisiertes Fischlokal, das auf Süßwasserkrebse in *salsa verde* und gegrillten Seefisch spezialisiert ist (Mi geschl.).

26 Narni
Stadt der hundert Türme.

Auf einem Felsplateau hoch über der Nera thront Narni, ein weiteres mittelalterliches Bergstädtchen, das noch vollständig von einer Stadtmauer umgeben ist. Neben den Kirchtürmen ragen etliche alte Familientürme in den Himmel und verleihen Narni so seine charakteristische Stadtsilhouette.

Alljährlich im Mai findet hier eines der urwüchsigsten unter den großen umbrischen Volksfesten statt, die **Sagra dell' Anello**. Bei diesem ritterlichen Wettkampf treten die drei Stadtviertel in einem Ringelstechen gegeneinander an. Außerdem steht ein feierlicher Umzug in historischen Kostümen auf dem Programm, und die Einheimischen eröffnen zur Bewirtung der Gäste in ihren Kellergewölben Tavernen.

Geschichte Die Hauptsiedlung des Volksstammes der Naharsker, **Nequinum**, wurde 299 v. Chr. von den Römern eingenommen. Damit war für sie der Weg nach Umbrien frei. Das um 220 v. Chr. neugegründete *Narnia* entwickelte sich in der Folge zu einer wichtigen Wegstation am Eingang der Nera-Klamm: Die unterhalb von Narni gelegene berühmte Römische Brücke, *Ponte d'Augusto*, führte durch ein Nadelöhr, das fast alle Romreisenden passieren mußten.

Das Christentum hielt in der Region erst spät Einzug. Noch 376 erlitt der Bischof von Narni, der afrikanische Arzt *Juvenal*, das Martyrium. Nach der Völkerwanderung wechselte die Stadt an der Nera mehrmals zwischen langobardischem, byzantinischem und päpstlichem Besitz, bis sie 1112 alle Fremdherrschaft abschüttelte. Erst 1370 brachte Kardinal Albornoz die Stadt wieder an den Kirchenstaat. Traumatisch war der *sacco* von 1527, die Plünderung durch deutsche Landsknechte, die obendrein noch die Pest einschleppten. Erst im 19. Jh. erlebte Narni wieder neue Impulse: Im Tal zu Füßen der Stadt entwickelte sich der Standort *Narni Scalo*, durch den sie Anschluß an die Industriezone um Terni bekam. Wer mit dem Zug anreist, wird heute allerdings von häßlichen Industrieanlagen in Empfang genommen.

Besichtigung Als Ausgangspunkt für einen Stadtrundgang in Narni bietet sich die Piazza Garibaldi an. Der verkehrsreiche, belebte Platz, an dem die drei *terzieri*, die mittelalterlichen Stadtdrittel, aufeinandertreffen, ist Zentrum des öffentlichen Lebens. Bei einem Espresso in der Bar Ortolani kann man sich die Sammlung von Stichen der Römischen Brücke ansehen.

Direkt zur Piazza Garibaldi schaut auch das romanische Löwenportal des **Duomo San Giovenale** ❶. Die Hauptfassade mit dreibogigem Portikus dage-

99

Blühender Süden – Narni

Stadt der hundert Türme – neben den Kirchtürmen sind in Narni auch noch einige Geschlechtertürme mehr oder weniger gut erhalten

gen ist auf die Piazza Cavour ausgerichtet. Das karge **Innere** des 1145 geweihten Doms war ursprünglich dreischiffig basilikal, im 15. Jh. wurde auf der rechten Seite ein weiteres Schiff angefügt. Die gedrückten ›umbrischen Bögen‹ des Lang-

Ansichtssache – die eher abweisende Längsseite des Doms blickt zur Piazza Garibaldi, dem Hauptplatz von Narni

hauses ahmen Entlastungsstrukturen antiken Ziegelmauerwerks nach. Nach einem Erdrutsch 1332 mußte die Apsis erneuert werden. Ehrwürdigster Teil der Anlage ist die *Cappella San Giovenale*, die sich zum nördlichen Seitenschiff hin öffnet. Sie wurde in der Renaissance aus Resten des 6. Jh. neu kombiniert und bezeichnet jene Stelle, an der der hl. Juvenal verstarb. Auffallend sind die gefelderte Fassade der Grabkapelle und die Reste eines Mosaiks mit dem segnenden Christus in ihrem Inneren (ca. 10. Jh.). Der Sarkophag des hl. Juvenal steht in einer Grabkammer, die seitlich in die benachbarte römische Stadtmauer eingetieft ist.

Vom Dom führt die Via Garibaldi schnurgerade zur Piazza dei Priori, an der sich einst das römische Forum befand. Heute wird der Platz von repräsentativen mittelalterlichen Kommunalpalästen beherrscht. Der Ende des 13. Jh. über drei älteren Wohnhäusern errichtete **Palazzo del Podestà** ❷ ist mit sehenswerten Reliefs geschmückt – eines zeigt Judith und Holofernes – und beherbergt in seinem Innenhof ein *römisches Lapidarium*. Interessantestes Stück ist ein antiker Tisch mit geeichten Hohlmaßen (mensa ponderaria). Der Palast dient heute als Rathaus, die Repräsentationsräume des Stadtrats im Obergeschoß sind daher nicht immer zugänglich. In der Sala del Consiglio kann man eine 1486 geschaffene ›Marien-

Narni

krönung‹ des Florentiners *Domenico Ghirlandaio* bewundern, in einem weiteren Saal eine Kopie von *Donatellos* ›Gattamelata‹. Dieses berühmte Reiterstandbild, dessen Original vor der Basilica di Sant'Antonio in Padua steht, stellt einen Condottiere aus Narni, den Bäckersohn Erasmo, dar. In der Via Gattamelata hat sich sogar das väterliche Bäckerhaus erhalten. Gegenüber dem Palazzo del Podestà befindet sich die **Loggia dei Priori** ❸, in der Bürgerversammlungen stattfanden. Die Halle öffnet sich in zwei mächtigen Rundbögen zur Piazza. Über der Loggia erhob sich einst der Palazzo dei Priori; er wurde 1527 zerstört. Erhalten blieb dagegen der Glockenturm des Palastes mit Außenkanzel.

Die Via Mazzini folgt dem Verlauf einer antiken Straße. Über sie gelangt man zur romanischen **Chiesa S. Maria in Pensole** ❹, die, wie ihr Beiname andeutet, in den Abhang ›hängend‹ hineingebaut wurde. Ein dreibogiger Portikus und drei Portale, deren Umrahmungen fein gearbeitete Rankenmotive aufweisen, führen in den leicht ansteigenden Innenraum. Sein Erscheinungsbild wird durch die typisch umbrischen gedrückten Bögen bestimmt. Die antiken Säulen tragen mittelalterliche Kapitelle. Das dritte Kapitell auf der rechten Seite präsentiert ›Daniel in der Löwengrube‹, umgeben von fratzenartigen Raubkatzen. Von der Kirche führt die Via Mazzini weiter geradeaus zur ehem. Kathedrale **San Domenico** ❺, die heute eine Bibliothek und einen Mammutzahn aus dem Nera-Tal beherbergt, außerdem finden hier Wechselausstellungen statt. Der benachbarte Park bietet eine Aussichtsterrasse mit schönem Blick auf die außerhalb gelegene **Abbazia San Cassiano** (12. Jh.).

Der Weg zurück ins Stadtzentrum führt an der in einem Mischstil zwischen Gotik und Frührenaissance errichteten **Chiesa Sant'Agostino** ❻ vorbei, die einen in Tempera gemalten Altar von *Antoniazzo Romano* mit reizvollen Predellaszenen besitzt. Der Stadtteil Mezule, der an der Piazza Garibaldi beginnt, wird von der Papstfestung **Rocca Albornoz** ❼ (um 1370) überragt.

Den Abschluß einer Besichtigung Narnis markiert die Fahrt zu den unterhalb des Ortes gelegenen Ruinen des **Ponte d'Augusto** ❽, der, wie der Name schon andeutet, in die Zeit Kaiser Augustus' (ca. 27 v. Chr.) datiert wird. Die Römische Brücke überspannte einst in vier großen Bögen auf einer Länge von 160 m das Nera-Tal. Zwei der Bögen stürzten bereits im Mittelalter ein, der dritte erst 1855. Die Ruine zog immer wieder auch Künstler an, da sie sich als romantisches Motiv eignete. Eines der bekannteren

Klösterliche Ruhe – in einem Waldstück nahe der Stadt Narni haben sich im 12. Jh. Mönche niedergelassen: Abbazia San Cassiano

101

Blühender Süden – Narni / Otricoli

Werke ist das 1826 entstandene Gemälde von Camille Corot (Paris, Louvre). Heute allerdings ist es nichts mehr mit Romantik, verläuft doch die Zuglinie direkt an der Brücke.

Ausflug

Ein reizvoller Abstecher Richtung Süden führt nach **Visciano** (6 km), zu der einsam zwischen Olivenhainen gelegenen vorromanischen **Chiesa S. Pudenziana**. Die dreischiffige Basilika, unter Verwendung antiker Bauteile im 11. Jh. errichtet, wird von einem hohen, mächtigen Campanile überragt. Die einfache, aus zwei Säulen und geziegelten Eckpfeilern bestehende Portikus-Fassade der Kirche erinnert an einen antiken Antentempel. Im Inneren wechseln antike Säulen und Pfeiler einander ab.

Praktische Hinweise

Hotel

*** **Il Minareto**, Via dei Cappuccini Nuovi 32, Tel. 07 44 72 63 43, Fax 07 44 72 62 84. Maurische Villen-Fantasia der Bel Époque am Rand der Oberstadt. Acht Zimmer und ein gepflegtes Restaurant.

Restaurants

Da Sara, Strada Calvese, Locanda Moricone, Tel. 07 44 79 61 38. Umbrische Landküche. Einfach, aber gut (Mi geschl.).

Del cavallino, Via Flaminia Romana 220, Locanda Testaccio, Tel. 07 44 76 10 20. Hausgemachte pikante Ciriole-Nudeln, Wildtaube in eigener Sauce, Gnocchi mit Hammelsugo und saisonale Trüffelgerichte bietet diese Trattoria, 2 km vom Zentrum (Di geschl.).

27 Otricoli

Römische Ruinen zwischen Weinbergen und grasenden Schafherden.

Goethe mochte ihn in Rom nicht missen und ließ sich eine Kopie anfertigen. Die Rede ist von dem gigantischen *Zeuskopf von Otricoli*, den der berühmteste deutsche Italienreisende inzwischen, wie viele andere interessante Fundstücke auch, in den Vatikanischen Museen zu Rom besuchen könnte. Da am Originalschauplatz nicht mehr allzuviel verblieben ist, sind die Ruinen des antiken, über dem Tibertal gelegenen **Ocriculum** heute eher romantisch als archäologisch sehenswert. Man stapft durch Weinberge, um die Reste des *Theaters*, des *Amphitheaters*, der *Thermen* und eines *Tempels* aufzuspüren. Der Ort Otricoli selbst hat auch schon bedeutendere Tage gesehen. Früher war in dem Grenzstädtchen zur Sabina die erste

Malerisches Motiv – vom Ponte d'Augusto haben sich in früheren Jahrhunderten zahlreiche Künstler inspirieren lassen, so auch Camille Corot (Paris, Louvre)

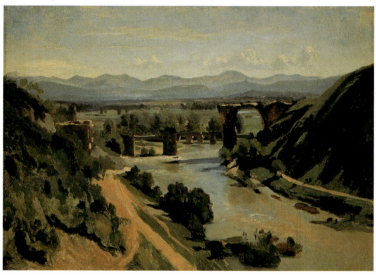

So läßt es sich leben – eine der typischen feudalen Amerino-Villen in der Nähe von Amelia ▷

Blühender Süden – Otricoli / Amelia und das Amerino

Poststation nördlich von Rom angesiedelt: In den zahlreichen Gebäuden mit Laubengängen an der Hauptstraße befanden sich früher Herbergen und Stallungen für den Pferdewechsel.

Die Unentwegten, die zur Weihnachtszeit unterwegs sind, sollten unbedingt den Abstecher nach **Calvi dell'Umbria** (12 km östlich von Otricoli) unternehmen. Denn hier kann man in der *Chiesa Sant'Antonio* eine einzigartige Rarität bestaunen: Rund 30 lebensgroße Terrakottafiguren (1546) bevölkern eine der ältesten Weihnachtskrippen Italiens.

Praktische Hinweise

Hotel
* **Umbria**, Via Roma 72, Tel. 07 44 71 91 12. Einfaches und preiswertes Hotel mit sieben Zimmern in einem nüchternen Gebäude aus den 60er Jahren.

Restaurant
Top Tip **Locanda Casole**, Vicolo dell'Olmo 6, Tel. 07 44 71 91 36. Römer wissen es – die verfeinerte Küche zu maßvollen Preisen allein lohnt den Ausflug nach Otricoli. Saubohnenpüree mit Olivenöl, Pecorino-gefülltes Schweinefilet, warmer Pinienkernstrudel und Wein aus eigenen Rieden und Tuffkellern beim römischen Theater (Di–Fr nur abends geöffnet).

28 Amelia und das Amerino

Dichte Wälder, winzige Festungsdörfer, Getreidefelder und Weinberge – ein Ausflug ins ländliche Umbrien.

Im südlichen Umbrien an der Grenze zu Latium wird es ländlich. Wer das agrarisch geprägte Amerino mit seinen sanften Hügeln und den weiten Feldern genießen will, muß Zeit haben für die Beschaulichkeit des Landlebens, offen sein für eigene Entdeckungen. Denn touristische Sehenswürdigkeiten gibt es hier nur wenige.

Die Stadt **Amelia** (11 000 Einw.), eine umbrische Gründung, wird von bis zu 8 m hohen und 3 m starken polygonalen Befestigungsmauern aus dem 6. Jh. v. Chr. umgeben, die der gewaltigen Steinblöcke wegen auch Zyklopenmauern genannt werden. Besonders gut sind diese im Bereich der Porta Romana, dem Hauptzugang zur Stadt, erhalten. Angeblich soll Amelia bereits 1134 v. Chr. besiedelt worden sein – es wäre damit älter als Rom.

Beim Rundgang durch die tagsüber meist verlassenen Straßen stößt man auf einige interessante Kirchen. Die Fassade der 1287 entstandenen **Chiesa San Francesco** (auch *SS. Filippo e Giacomo*) besitzt eine auffällige Doppelrose. Im barockisierten Kircheninneren, in der

Die Krönung – der Dom von Amelia erhebt sich auf dem höchsten Punkt der Stadt

104

Amelia und das Amerino

Romanisches Kleinod in der Provinz – die kleine Chiesa S. Maria Assunta an der Piazza S. Maria in Lugnano in Teverino

Cappella di Sant'Antonio, fanden sechs Mitglieder der Adelsfamilie Geraldini ihre letzte Ruhestätte. Aus diesem amerinischen Geschlecht stammte auch Alessandro Geraldini, der 1516 im karibischen Santo Domingo inthronisierte erste Bischof der Neuen Welt. Der **Duomo** von Amelia, an der Stelle der alten Akropolis die Stadtsilhouette prägend, enttäuscht aus der Nähe ein wenig: Vom romanischen Kernbau blieb lediglich der zwölfeckige freistehende Campanile erhalten, der allerdings zu den schönsten Umbriens zählt. Nach einem Brand 1629 mußte das gesamte Langhaus barock erneuert werden. An der Fassade wurden die Arbeiten erst im 19. Jh. abgeschlossen. Das bedeutendste Kunstwerk im Inneren, *Duccio di Buoninsegnas* ›Mariä Himmelfahrt‹, ist meist abgedeckt: Wer allerdings am 15. August, dem Patronatsfest, nach Amelia kommt, kann miterleben, wie die sienesische Tafel in einer Prozession durch die ansteigenden Gassen der Stadt getragen wird. Ein weiteres kunsthistorisch interessantes Objekt in Amelia ist der **Palazzo Farrattini**: Antonio da Sangallo d. J. erbaute ihn 1520 als Miniaturkopie des römischen Palazzo Farnese.

Nach der anstrengenden, treppauf und treppab führenden Besichtigung sollte man sich eine ortstypische Spezialität gönnen: Amelia und das Amerino sind berühmt für ihre gefüllten kandierten Feigen.

Die kleine *Chiesa S. Maria Assunta* im 11 km entfernten **Lugnano in Teverina** zählt zu den schönsten romanischen Kirchen Umbriens. Um 1150 errichtet, erhielt sie knapp 100 Jahre später ihre breite Vorhalle, die von sechs Säulen und massiven

Blühender Süden – Amelia und das Amerino / Carsulae

Eckpfeilern getragen wird. Die Fassade ist mit zwei Rosetten geschmückt, von denen die größere von zwei Biforienfenstern gerahmt wird. Im Inneren verdienen der Kosmatenfußboden und die romanischen Figurenkapitelle Beachtung.

Das Amerino ist eine feudal geprägte Agrarregion. Noch heute sind viele der kleineren Festungsorte (*borghi*) tagsüber wie ausgestorben, die Bewohner dann bei der Feldarbeit. Immer wieder stößt man in der Gegend um Amelia auf Kastelle und Schlösser, die sich die Grundherren, römische und lazialische Familien, errichten ließen. Prunkbeispiel ist der *Palazzo Ducale* der Herzöge von Acquarone in **Giove** (12 km von Amelia). Er hat genau 365 Fenster – für jeden Tag des Jahres eines. Die Rampe, auf der Kutschen zum 1. Stock hinauffahren konnten, wurde vermutlich von Carlo Maderna um 1600 konstruiert. Das Castello der Doria-Pamphili in **Alviano** beherbergt heute das Rathaus und das meist vormittags geöffnete *Museo della civiltà contadina* (Museum der Bauernkultur). Eindrucksvoll ist auch das klobige Castello Corsini von **Sismano** mit seinen vier trutzigen Ecktürmen.

Bei **Dunarobba** kann man die Reste eines versteinerten Waldes (*foresta fossile*) aufsuchen. Die 20 Baumstümpfe sind etwa 800 000 – 2 Mio. Jahre alt.

Praktische Hinweise

Information: IAT Amelia, Via Orvieto 1, Tel. 07 44 98 14 53, Fax 07 44 98 15 66

Hotels
*** **Anita**, Amelia, Via Roma 31, Tel. 07 44 98 21 46, Fax 07 44 98 30 79. Behindertengerechtes Hotel mit Garten und Restaurant.
Fattoria Sismano, Sismano, Avigliano Umbro, Via Corsini 12, Tel. 07 44 93 34 16. Unterkunft mit sechs Betten auf einer Schaffarm. Die einfachen Zimmer sind mit Bauernmöbeln eingerichtet.

Restaurant
Carleni, Amelia, Via P. Carleni 21, Tel. 07 44 98 39 25. Traditionsrestaurant in alten Mauern. Zu den Spezialitäten zählen hausgemachte Strangozzi-Nudeln und *salsiccia* (Bratwurst) vom Rost (Mo/Di geschl.).

Via Flaminia – Lebensader Umbriens

Die Einverleibung Umbriens ins Römische Herrschaftsgebiet wurde mit dem Bau der **Via Flaminia** *besiegelt. Erst dadurch gelang es, die unwegsame, wald- und bergreiche Provinz strategisch zu kontrollieren und die Latinisierung des Hinterlandes zügig voranzutreiben. Die alte Trasse, 220 v.Chr. im Censoratsjahr des Gaius Flaminius errichtet, führte über Narnia und Carsulae nach Mevania (Bevagna), Forum Flaminii (Foligno), Nocera und über den Scheggia-Paß nach Ariminum (Rimini). Jahrhundertelang garantierte die gutausgebaute Konsularstraße den* **Wohlstand** *des antiken Umbrien und trug zum* **Aufblühen** *zahlreicher Städte und Straßenstationen bei.*

Die **Flaminia Nova** *bog bei Narnia ab nach Interamna (Terni) und führte über Spoletium und Trebiae (Trevi) durch die Valle Umbra, wo sie nördlich von Foligno mit der alten Trasse zusammenstieß. Ab dem 1. Jh. n.Chr. wurde sie die wichtigste Straße Umbriens (bis ins Mittelater benutzt), die alte Trasse geriet mehr und mehr ins Hintertreffen.*

---

 29 **Carsulae**

Römische Ruinen an der Flaminia.

Carsulae ist die schönste und stimmungsvollste archäologische Zone der einstigen römischen Provinz *Umbria*: ein gepflegter Rasen, schattenspendende Bäume und eine guterhaltene Trasse der *Via Flaminia*, die von dem malerischen antiken Stadttor, dem *Arco di San Damiano*, überragt wird.

Carsulae dürfte um 100 v. Chr. entstanden sein. Basis seines wirtschaftlichen Aufblühens waren der Weinanbau und die auch damals schon geschätzten Thermalquellen im nahen **San Gemini**. Die Verlagerung des Hauptverkehrs auf die *Flaminia Nova* bei Spoletium leitete ab dem 3. Jh. den Niedergang ein. Während der Völkerwanderung verließen die Bewohner die mauerlose Siedlung und zo-

Carsulae

Spärliche Überreste – nach der Verlegung der Via Flaminia verließen die Bewohner Carsulae, nicht ohne Baumaterial für eine neue Siedlung mitzunehmen

gen ins höher gelegene Cesi. Erdbeben und Plünderungen dezimierten schon bald den antiken Baubestand.

Heute erkennt man neben den eindrucksvollen Straßenplatten mit Fuhrrillen Reste verschiedener öffentlicher Bauten: Zwei *Podiumstempelchen* mit relativ gut erhaltener Marmorverkleidung, einen wiederaufgerichteten *Vierpfeilerbogen*, eine (eher zu erahnende) *Basilika*, außerdem die im 11. Jh. aus antiken Spolien errichtete *Chiesa San Damiano*. Außerhalb des Stadtbogens liegen Prunkgräber, darunter ein zylindrisches Grab mit dorischem Fries.

Auf der anderen Seite der Autostraße sind das *Amphitheater* und dahinter das *Theater* zu erkennen, dessen Bühnenwand noch gut erhalten ist.

Praktische Hinweise

Unterkünfte gibt es in dem nur wenige Kilometer entfernten Kurort **San Gemini**, der ein kleines mittelalterliches Zentrum besitzt.

Hotels

** **Duomo**, San Gemini, Piazza Duomo 4, Tel. 07 44 63 00 15, Fax 07 44 63 03 36. Palazzo aus dem 16. Jh. mit Park und Ristorante.

Paolo Medici, San Gemini, Tel. 07 44 33 13 19 oder Tel./Fax 0 69 98 73 58. Im Zentrum des kleinen Kurstädtchens kann eine 108 m^2 große Palazzo-Wohnung auch für kürzere Aufenthalte gemietet werden.

Restaurant

La Capareccia, Cesi, Locanda Case Sparse 5, unasphaltierter Feldweg links vor Cesi, Tel. 07 44 24 12 49. Direkt von Mamma Gianna: herrliche Wildschweinpapardelle und üppiges *arrosto misto* – noch ein Geheimtip (Di geschl.)!

In den Ausläufern des Apennin – steinerne Bergstädtchen und eine grandiose Natur

Das wahre Herz Umbriens schlägt in der bis über 2000 m hohen **Bergregion** an der Grenze zu den Marken. Hier, im Hinterland, das noch immer durch Abwanderung und Armut gekennzeichnet ist, hat der Tourismus bis auf die Enklave **Gubbio** noch kaum Fuß fassen können. Diese *città umbrissima*, die steinernste der steinernen Städte Umbriens, ist ein wahrer Schlüssel zum Verständnis der Region. Die in Gubbio gefundenen vorchristlichen *Eugubinischen Tafeln* geben einen kleinen Einblick in die noch immer äußerst rätselhafte Kultur der alten Umbrer.

In den Bergen, bei **Nocera**, lag freilich auch das Epizentrum des Erdbebens von 1997. Touristen sollten sich davon nicht abschrecken lassen. Denn die wahren Attraktionen, die Schafherden, die Linsenfelder von Castelluccio, die Pecorino-Käsereien und die vorzügliche Küche, sind von der Naturkatastrophe nicht in Mitleidenschaft gezogen worden.

 30 Gubbio *Plan Seite 110*

Steingewordener Traum eines mittelalterlichen Miniaturisten.

Zum Pflichtprogramm einer jeden Umbrienreise gehört Gubbio. Allein die mittelalterliche Kulisse der sich terrassenartig unterhalb des *Monte Ingino* staffelnden Häuser lohnt die Fahrt in den bergigen Nordosten. »Traum eines mittelalterlichen Miniaturisten« nannte der englische Reisende Edward Hutton die Stadtanlage im Jahre 1908: ein vollständig erhaltener Mauerring, tiefe Straßenschluchten, steile Anstiege und dazwischen einer der schönsten Plätze Italiens, die *Piazza della Signoria*. Alljährlich am 15. Mai geht es in Gubbio drunter und drüber. Beim größten Stadtfest, dem **Corsa dei Ceri**, werden drei riesige Holzidole mit Heiligenstatuen von den Innungen der Maurer, Kaufleute und Bauern im Laufschritt durch die steilen Gassen auf den Monte Ingino zur Wallfahrtskirche Sant'Ubaldo bugsiert.

◁ *Das römische Theater von Gubbio vor der beeindruckenden Kulisse der mittelalterlichen Stadt* (**oben**), *Corsa dei Ceri, das beliebteste Volksfest Gubbios* (**unten**)

Geschichte Im Gegensatz zu den anderen großen umbrischen Siedlungen mit ihrer etruskisch beeinflußten Kultur war **Ikuvium** in der Antike rein umbrisch – und zudem vermutlich die Hauptstadt dieses ansonsten eher verstreut siedelnden altitalischen Bergvolkes. Hier wurde auch das bedeutendste schriftliche Zeugnis der Umbrer gefunden, die **Eugubinischen Tafeln**. Die sieben Bronzeplatten (2./1. Jh. v. Chr.) enthalten Opfertexte in umbrischer Sprache [s. S. 111]. Vermutlich bereits im 3. Jh. v. Chr. arrangierten sich die Bewohner Ikuviums friedlich mit den Römern und siedelten daraufhin unten im Topino-Tal. Nach der Zerstörung durch die Ostgoten unter Totila wurde die Stadt jedoch an ihre heutige Position auf den Berg zurückverlegt. Auch ein Ungarnüberfall 917 vermochte die Entwicklung der Kommune nicht dauerhaft zu dämpfen. Im 12./13. Jh. herrschte Gubbio über mehrere apenninische Städte. Nach schweren Bürgerkriegen geriet es 1384 unter die Herrschaft der Montefeltre sowie des *Herzogs von Urbino* und gehörte in der Folge zum Territorium der Marken. Erst 1860 wurde Gubbio wieder umbrisch. 1944 kam es in der Gegend zu schweren Kämpfen zwischen deutschen Truppen und Partisanen. Die *Piazza Qua-*

In den Ausläufern des Apennin – Gubbio

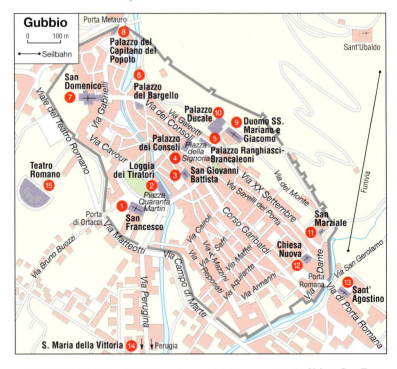

ranta Martiri (Platz der 40 Märtyrer) zu Füßen des Ortes erinnert an zivile Opfer deutscher Militärjustiz.

Besichtigung An der Piazza Quaranta Martiri kommen die Busse aus Perugia und den umliegenden Ortschaften an, und hier liegt auch gleich der erste Be-sichtigungspunkt, die **Chiesa San Francesco** ❶. Die Fassade der großen, im 13. Jh. errichteten Bettelordenskirche blieb unvollendet – interessanter als der Außenbau ist der imposante **Innenraum**. Trotz der Barockisierung – das Mittelschiff, das einst leicht erhöht war und einen offenen Dachstuhl trug, erhielt

Hinter der Piazza Quaranta Martiri beginnt die mittelalterliche Stadt, die sich an den Monte Ingino lehnt

Gubbio

Einfach nicht zu übersehen – der mächtige Palazzo dei Consoli hebt sich markant im Stadtbild ab, im Vordergrund die Loggia dei Tiratori

1724–54 ein Tonnengewölbe – bleibt der gotische Raumeindruck einer Staffelhalle evident. In der linken Chorkapelle hat *Ottaviano Nelli* (1375–1444), der wichtigste Vertreter der Malschule von Gubbio, seiner Heimatstadt einen Freskenzyklus mit Darstellungen aus dem Leben Mariä (1408–13) hinterlassen. In der rechten Chorkapelle, der *Cappella Sforzolini*, soll der hl. Franziskus, nachdem er sich von seiner Familie losgesagt hatte, eine Kutte von der Wollhändler-Familie Spadalonga empfangen haben. Zwei vermutlich von *Palmerino di Guido* geschaffene Fresken beschäftigen sich mit dem Leben des Heiligen, darunter ›Der Bischof bedeckt die Blöße des hl. Franziskus‹.

Ebenfalls an der Piazza liegt die **Loggia dei Tiratori** ❷, die zweigeschossige Säulenhalle der Wollweberzunft. Auf dem offenen Trockenboden des 1. Stocks wurden früher die gewalkten Wollstoffe gestreckt. Unter der Loggia findet heute in den Vormittagsstunden ein einfacher Markt statt.

Über die steile Via della Repubblica erreicht man links die hübsche kleine **Chiesa San Giovanni Battista** ❸ mit Schwibbögen des 13. Jh. Weiter geradeaus geht es über Treppen zum faszinierenden Hauptplatz Gubbios, der *Piazza della Signoria*, die sich am Schnittpunkt der vier mittelalterlichen Stadtteile befindet. Diese ›hängende‹ Panorama-Terrasse wurde in die ansonsten durch steile Wege charakterisierte Stadt hineingebaut, eine technische Meisterleistung des Mittelalters. Der einheimische Baumeister *Gattapone* ließ dazu mehrere Häuser nie-

Die Tavole Eugubine – das Geheimnis der antiken Umbrer

Das kulturelle Erbe der antiken Umbrer ist nicht besonders umfangreich. Bedeutendste Quelle und so etwas wie das Nationalheiligtum Umbriens sind die **Eugubinischen Tafeln***, sieben Bronzeplatten, die 1444 im Römischen Theater gefunden wurden und heute im Museo Civico von Gubbio aufbewahrt werden. Die 40 x 60 cm großen Schrifttafeln geben in umbrischer Sprache Auskunft über Religion und Bräuche der Umbrer. Sie enthalten* **Opferriten** *für die* **Götter** *Jupiter, Mars und Vofonius (ein altumbrischer Lokalgott), die den altumbrischen Beinamen Grabovios tragen. Außerdem berichten sie von den Feindvölkern, den Etruskern und Naharskern. Interessant ist der* **Schriftwandel***, der die zunehmende Latinisierung Umbriens belegt. Die vier älteren (2. Jh. v.Chr.) verwenden ein etruskisches Alphabet, die jüngeren (1. Jh. v. Chr.) bereits das lateinische.*

In den Ausläufern des Apennin – Gubbio

Der schönste Kommunalpalast Umbriens – Palazzo dei Consoli

derreißen und feste, mit Bauschutt hinterfütterte Substruktionsmauern hochziehen. Dominiert wird die terrakottagepflasterte Piazza von dem hellen Block des **Palazzo dei Consoli** ❹, der 1332–37 von *Angelo da Orvieto* unter Mitwirkung Gattapones aus weißen Kalkquadern des Monte Ingino erbaut wurde. Bekrönt wird der Palast von Zinnen und auf der linken Seite von einem schmalen Glockenturm. Über eine Freitreppe erreicht man das Innere und die ehem. Säle der Stadtregierung, die heute das **Museo Civico** beherbergen (Sommer tgl. 10–13 und 15–18 Uhr, Winter tgl. 9–13 und 14–17 Uhr). In der Sala Maggiore, dem 30 m langen, 13 m breiten und 13 m hohen Ratsaal, und der Palastkapelle sind antike und mittelalterliche Inschriften und Skulpturen ausgestellt, u.a. die Prunkstücke der Sammlung, die *Eugubinischen Tafeln* und die ›Phaethonschale‹ Maestro Giorgios (16. Jh.). Sie konnte 1991 bei Sotheby's ersteigert werden und kehrte so in die Heimatstadt des Töpfers zurück. Dieser war berühmt für seine mit mythologischen Themen bemalte und rötlich lasierte Renaissance-Keramik. Im Obergeschoß ist schließlich eine kleine Pinakothek mit Werken örtlicher Meister zu besichtigen. Über die Gemäldegalerie er-

reicht man auch die Loggia, die auf der Talseite angebaut ist und einen weiten Blick über die Landschaft bietet.

Vis-à-vis liegt das Rathaus, der ebenfalls von Gattapone begonnene, aber nie vollendete Palazzo Pretorio. Der langgestreckte **Palazzo Ranghiasci-Brancaleoni** ❺ auf der gegenüberliegenden Straßenseite, dessen feine ionische Kapitelle mit archäologischer Sorgfalt antiken Kapitellen nachgebildet sind, ist ein Werk der Liebe. Graf Ranghiasci wollte seiner englischen Gattin ein Heim im Stile des britischen Klassizismus bieten.

Beim Spaziergang durch die Via dei Consoli bemerkt man überall die typischen **Porte dei Morti**, die höher als das Straßenniveau liegen. Diese normalerweise verschlossenen Totentüren bilden direkte Zugänge zum 1. Stock und werden nur bei Leichenbegängnissen geöffnet. Auch der **Palazzo del Bargello** ❻, einst Sitz der Stadtpolizei und Kerker, besitzt eine solche Totentür. Heute residieren hier die Armbrustschützen – eine *balestra* kann man in Gubbio übrigens noch heute überall erwerben. Apropos shopping: Keramikfreunde sollten unbedingt die Bottega von Leo Grilli besuchen (Via dei Consoli 78). In dem über 200 Jahre alten Familienbetrieb findet man zeitlos schöne Renaissance-Imitate. Am Ende der Via dei Consoli stößt man auf die Chiesa **San Domenico** ❼, die im barockisierten Innenraum ein venezianisches ›Abendmahl‹ der Tintoretto-Zeit birgt. Nach einem kurzen Spaziergang erreicht man den am Rande der Altstadt gelegenen sehr schlichten **Palazzo del Capitano del Popolo** ❽ aus dem 13. Jh.

Rechts von der Piazza della Signoria führt ein Treppenweg vorbei an einem Riesenfaß zum höchsten Gebäude der Stadt, dem **Duomo SS. Mariano e Giacomo** ❾. Er wurde Mitte des 13. Jh. über einem romanischen Vorgängerbau errichtet. Das einschiffige Innere mit seiner Abfolge von zehn gespitzten Schwibbögen, die auf mächtigen, weit in den Kirchenraum vorkragenden Strebepfeilern aufsitzen, strahlt feierliche Monumentalität aus. Auf den Bögen ruht der offene Dachstuhl. Für die 1. Kapelle links malte *Eusebio da San Giorgio* eine ›Anbetung der Hirten‹ im Stile Pinturicchios. In der 5. Kapelle schuf *Virgilio Nucci* 1598 ein Gemälde von Gubbios Schutzpatron Sant'Ubaldo als Bischof mit goldener Mitra.

Gubbio

Die Via dei Consoli, von mittelalterlichen Palästen und Wohnhäusern gesäumt, zählt zu den schönsten Altstadtgassen von Gubbio

Wer den Herzogspalast von Urbino kennt, wird im gegenüberliegenden **Palazzo Ducale** ❿ (Mo–Sa 9–13.30 und 14.30–19 Uhr, So 9–13 Uhr) auf manches vertraute Architekturdetail treffen. *Federico da Montefeltro*, Herzog von Urbino, ließ in Anlehnung an sein Stammhaus 1471–74 einen allerdings wesentlich kleineren Palast errichten. Auch hier baute Francesco di Giorgio Martini, vermutlich nach Plänen Francesco Lauranas. Besonders gefällig sind die feinen Kapitele und die elegante Ecklösung im Cortile – aus Platzmangel bildet die hintere Seite drei statt vier Bögen aus.

Von der Via della Cattedrale – direkt beim Durchgang des Palazzo Ducale – öffnet sich eine traumhafte Aussichtsterrasse mit Bar, die den schönsten Blick auf den Palazzo dei Consoli bietet. Nach einer Rast kann man weitere Winkel Gubbios erkunden. Bei der Porta Romana warten einige interessante Kirchen auf Besucher. Die zweischiffige **San Marziale** ⓫ wurde im 12. Jh. über den Ruinen eines römischen Tempels erbaut. Die **Chiesa**

Porta dei Morti – der Palazzo Bargello an der Via dei Consoli besitzt eine höhergelegene Totentür, die nur zu Beerdigungen geöffnet wird

113

In den Ausläufern des Apennin – Gubbio / Gualdo Tadino

Nuova ⑫ birgt ein Meisterwerk der Eugubinischen Malschule: *Ottaviano Nellis* ›Madonna del Belvedere‹ (1403–13) besticht durch Eleganz, märchenhafte Detailvielfalt und kostbares Kolorit. Außerhalb des Stadttors liegt die **Chiesa Sant' Agostino** ⑬, für die Nelli, der Hauptvertreter der umbrischen Gotik, den Chorraum mit einem Augustinusleben in 26 Bildern ausmalte (1422–24).

Vegetarier, Tierfreunde und Franziskusverehrer sollten noch den viertelstündigen Spaziergang durch Neubauviertel auf sich nehmen, um **S. Maria della Vittoria** ⑭ aufzusuchen. Denn hier erinnert eine Statue im Hof an Frate Lupo, den reißenden Wolf von Gubbio, dem der Heilige die Hand reichte und ihn damit zu frommer fleischloser Lebensweise bekehrte.

Ebenfalls außerhalb der Stadtmauern liegt das **Teatro Romano** ⑮, das aus dem 1. Jh. v. Chr. stammt. Mit einem Durchmesser von 70 m gehört die 6000 Zuschauer fassende Anlage zu den größten Italiens. Alljährlich im Juli/August finden hier Festspiele statt.

Zum krönenden Abschluß bietet sich ein Ausflug mit der Seilbahn (Funivia) auf den *Monte Ingino* (903 m) an. Hier ließen in 827 m Höhe die Herzoginnen Elisabetta und Eleonora della Rovere 1514 die Wallfahrtsbasilika **Sant'Ubaldo** für den Stadtpatron Gubbios erbauen. Jugendstilfenster erzählen seine Vita, u. a. wie er Gubbio vor der Eroberung durch Kaiser Barbarossa schützte. Seine Gebeine ruhen in einem Glassarkophag. In Sant'Ubaldo werden auch die *ceri*, 6 m hohe Holzkerzen, aufbewahrt.

Von Gubbio aus führen Ausflüge ins bergige Hinterland nach **Scheggia** mit der Kamaldulenserkirche *S. Maria di Sitria*, die vom Ordensgründer San Romualdo um 1000 errichtet wurde, und zum **Parco Regionale di Monte Cucco** (1566 m). Dort sind Höhlenwandern (Grotta del Monte Cucco), Drachenfliegen und Skitouren im 1150 m hoch gelegenen Ranzo angesagt.

Praktische Hinweise

Information: IAT, Piazza Oderisi 6, Tel. 07 59 22 06 93, Fax 07 59 27 34 09

Hotels

**** Park Hotel Ai Cappuccini, Via Tifernate, Tel. 0 75 92 34, Fax 07 59 22 03 23. Luxushotel im

Kloster am Stadtrand, mit Garten, Swimmingpool und Tennis.

*** Bosone, Via XX Settembre 22, Tel. 07 59 22 06 88, Fax 07 59 22 05 52. Ruhiges, gepflegtes, zentral gelegenes Palazzo-Hotel.

* Galletti, Via Piccardi, Tel. 07 59 27 77 53. Preiswertes kleines Hotel mit einfachen Zimmern.

Restaurant

Taverna del Lupo, Via Giovanni Ansidei 6, Tel. 07 59 27 43 68, Fax 07 59 27 12 69. Bei hausgemachten Passatelli-Nudeln mit Trüffeln und gefüllten Wildtauben wäre auch der Wolf von Gubbio vor seiner Bekehrung satt geworden. Ein Klassiker der umbrischen Küche mit Degustationsmenü in historischem Ambiente (Mo geschl.).

㉛ Gualdo Tadino

Auf den Spuren der letzten Goten.

Der ›Kampf um Rom‹ wurde in Gualdo Tadino entschieden. Denn hier verlor Ostgotenkönig Totila 552 n. Chr. gegen den byzantinischen Feldherrn Narses Schlacht, Reich und Leben. Der Ortsname der einstigen Wegstation der Via Flaminia klingt allerdings noch heute germanisch: Gualdo bedeutet auf Langobardisch Wald. Der eher moderne, zersiedelte Ort ist für seine Keramikproduktion – Stücke mit mythologischen Themen und goldener oder rubinroter Glasur – bekannt und tritt damit in Konkurrenz zur Keramikstadt Deruta [s. S. 43]. Das Erdbeben 1997 hat Gualdo Tadino schwer in Mitleidenschaft gezogen, derzeit (1999) wird der **Duomo San Benedetto** restauriert. Die Hauptfassade des Doms mit den drei reich dekorierten Portalen und der von einem doppelten Säulchenkranz gebildeten Mittelrosette stammt noch von 1256. Das Innere dagegen wurde Ende des 19. Jh. gotisierend erneuert. Mit der Stauferfestung **Rocca Flea** hat man ehrgeizige Museumspläne. Hierher soll in näherer Zukunft die bislang in San Francesco untergebrachte *Pinacoteca Comunale* umziehen.

Gualdo Tadino bietet sich als Ausgangspunkt für Bergwanderungen an. Ein besonders schöner Ausflug führt zur quellenreichen **Conca di Valsorda**, eine 1000 m ü. d. M. gelegene Hochebene mit zwei Seen und Alpenvereinshütte.

Epizentrum – das kleine Bergstädtchen Nocera Umbra liegt schön, aber leider mitten im Erdbebengebiet. Nach größeren Zerstörungen im Herbst 1997 wird nun fleißig restauriert

32 Nocera Umbra

Idyllisches, auf einem Hügel hoch über dem Tal des Topino gelegenes Städtchen.

Hier ist man direkt an der Quelle: In ganz Italien wird Nocera Umbra wegen seines guten Mineralwassers geschätzt. Die Touristen kommen wohl eher wegen der reizvollen Lage des Städtchens auf einem Felssporn hoch über dem Tal des Topino. Der Kurort selbst jedoch, der auf die umbrische Bergsiedlung *Noukria* zurückgeht, wurde vom Erdbeben 1997 schwer gezeichnet. Seit Monaten wohnen Hunderte in provisorischen Containersiedlungen. Derzeit (1999) laufen intensive Restaurierungsmaßnahmen, um das gesperrte Zentrum mit den Hauptsehenswürdigkeiten wieder zugänglich zu machen. So müssen die Bögen gesichert werden, die die mittelalterliche Gasse Portico San Filippo überspannen. Die **Chiesa Pinacoteca San Francesco**, deren Wände mit Freskenteppichen aus dem 15./16. Jh. – überwiegend von *Matteo da Gualdo* und seinem Umkreis – bedeckt sind, ist auf unbestimmte Zeit geschlossen. Bedeutendste Exponate sind ein 1443 geschaffenes Polyptychon *Alunnos* mit der ›Geburt Christi‹ und der ›Krönung Mariä‹,

ein bemaltes Triumphkreuz aus dem Umfeld des Franziskusmeisters (ca. 1290) sowie ein Meilenstein von der Via Flaminia. Der **Duomo S. Maria Assunta** wurde 1448 auf den Fundamenten eines romanischen Vorgängerbaus, von dem nur das Portal erhalten blieb, errichtet. Heute präsentiert sich der Dom im barocken Gewand (18. Jh.). Auf der gegenüberliegenden Seite ragt der einzig verbliebene Turm der Burg der Trinci von Foligno einsam in die Höhe. Er erinnert an schauerliche Selbstjustiz. 1421 stach hier der Burgvogt seine Frau und das Oberhaupt der Trinci nieder, weil er sie beim Ehebruch ertappt hatte.

Praktische Hinweise

Unterkunft
Agriturismo La Costa, Locanda Coste 5, Tel. 07 42 81 00 42. Einfache Schlafzimmer aus dem 13. Jh. mit Bauernmöbeln. Als besondere Attraktion werden Kochkurse angeboten.

Restaurant
Villa della Cupa, Locanda Colle Umbra, Tel./Fax 07 42 81 06 66. Hier kocht der Unidozent Franco Rambotti

In den Ausläufern des Apennin – Norcia

Der hl. Benedikt von Nursia weist dem abendländischen Mönchtum den Weg, Statue in Norcia

Benedikt von Nursia, der Begründer des abendländischen Mönchtums

*Nur wenige Heilige haben die katholische Kirche so geprägt wie der Patriziersohn Benedikt aus dem römischen Nursia. Seine berühmte, nach 534 verfaßte ›**Regula S. Benedicti**‹ ist seit einem Erlaß Karls des Großen von 817 Grundlage aller katholischen Mönchsgemeinschaften.*

*Nach Einsiedlerjahren in Subiaco schuf Benedikt mit zwölf Gefährten in **Montecassino** das Urmodell des hierarchisch von einem streng-gütigen Abt geleiteten Klosters. Damit wurde dem orientalisch geprägten Wander- und Eremitenmönchtum das abendländische Konzept eines auf Arbeit und Gebet gegründeten straff organisierten Mönchtums gegenübergestellt: **Ora et labora!** Erst durch Benedikts Ideen konnten sich die Klöster zu den wichtigsten Kultur- und Bildungsträgern des Mittelalters entwickeln.*

Spezialitäten aus seiner Heimat, z. B. Damwildschmankerln. Daneben bietet er geokulinarische Spaziergänge und Fangokosmetik an.

33 Norcia

Von Mönchen und Metzgern.

Trotz des *hl. Benedikts von Nursia* – der Hauptanlaß für eine Fahrt in das auf der weiten Hochebene des *Piano di S. Scolastica* gelegene und von hohen Bergen gerahmte Norcia ist meist kulinarischer Natur. Denn Erdbeben über Erdbeben, das letzte größere 1997, haben von der mittelalterlichen Stadt nur wenig übriggelassen. Geblieben aber ist die in Mittelitalien und darüber hinaus gerühmte Tradition der Wurstmacherei.

Die **Porta Romana** bildet den triumphalen Eingang zum Corso Sertorio, der Hauptachse der Altstadt. Vorbei an den Girlanden hausgemachter Wildschweinswürstchen, die die Fassaden der Lebensmittelläden schmücken, gelangt man zur Piazza San Benedetto, an der sich die Hauptsehenswürdigkeiten aneinanderreihen. In der Mitte des Platzes verteilt eine überlebensgroße Statue des hl. Benedikts ihren Segen.

Die **Chiesa San Benedetto** wurde 1389 über dem Geburtshaus des Heiligen und seiner Zwillingsschwester Scholastika errichtet, mußte infolge von Erdbebenschäden durch die Jahrhunderte aber immer wieder restauriert werden. Das fein gearbeitete gotische Portal wird von zwei Nischen mit den Statuen Benedikts und Scholastikas gerahmt. Rechts überragt ein gedrungener Glockenturm die *Loggia dei Mercanti* (17. Jh.), unter der alte geeichte Steinfässer die ehem. kommunalen Maßeinheiten belegen. Das Kircheninnere wurde im 18. Jh. umgestaltet. Im linken Querschiff hängt ein interessantes Gemälde *Filippo Napoletanos*, ›Der Gotenkönig Totila kniet vor Benedikt‹. In der Krypta zeigt ein modernes Bild Benedikt und seine Schwester als Babies.

Von der Pasticceria Vetusta Nursia gleich links neben der Kirche geht eine süße Verlockung aus. Abgedrehte Spezialität ist Tartufo al tartufo, Schokotrüffel mit echten Trüffelsplittern.

Der **Palazzo Comunale** nimmt die Ostseite der Piazza ein. Im Erdgeschoß besitzt er eine offene Halle aus dem 14. Jh., das Obergeschoß stammt von 1876. Die **Castellina**, das Kastellchen, auf der gegenüberliegenden Platzseite ist für die niedrig-massive abgeschrägte erdbebensichere Bauweise Norcias exemplarisch. 1554–63 wurde die schlichte Anlage vom Petersdom-Baumeister Vignola er-

Norcia

richtet. Auch der benachbarte **Duomo S. Maria Argentea**, ein Bau von 1560, weist diese antiseismischen Mauern auf. Genutzt hat es nichts, denn immer wieder, 1703, 1730, 1859 und 1997, gab es Erdbebenschäden.

Über die Via Anicia erreicht man die schönste gotische Kirche Norcias, die **Chiesa Sant'Agostino**. Ein Fresko von 1368 über dem Spitzbogenportal zeigt die ›Madonna mit Kind und den hll. Agostino und Nicola da Tolentino‹. Das Innere wurde im 17. Jh. aufwendig restauriert und mit kostbaren Schnitzaltären, die gewundene salomonische Säulen besitzen, geschmückt. Man achte auch auf den Orgelprospekt mit den posauneblasenden Engeln und den Karyatiden.

Hinter Sant'Agostino beginnt *Capolaterra*, das einfache ehem. Stadtviertel der Hirten, dessen Häuser noch niedriger sind als im übrigen Norcia. Ein feingearbeitetes Kleinkunstwerk hier ist der **Tempietto** an der Via Umberto. Der Votivschrein von 1354 wirkt mit seinen umbrischen Rundbögen fast frührenaissancehaft. Ganz im Gegensatz dazu steht der riesige baufällige Kasten der **Chiesa San Giovanni** mit abgeschrägten erdbebensicheren Mauern.

Praktische Hinweise

Unterkünfte
*** **Posta**, Via C. Battisti 10, Tel. 07 43 81 74 34. Hotel in ehem.

Von Bergen gerahmt – Norcia und die Ausläufer des Apennin

Poststation, mit Restaurant, das hervorragende Trüffelgerichte serviert.
Monastero delle Benedettine di Sant'Antonio, Via delle Vergini 13, Tel. 07 43 82 82 08. Einfache, aber sehr preisgünstige Unterkunft im Benediktinerinnenkloster. Wer länger als drei Tage bleibt, kann Halbpension haben.

Die Chiesa Sant'Agostino in Norcia birgt Fresken aus dem 14. Jh.

117

In den Ausläufern des Apennin – Norcia / Castelluccio

Wie im Schlaraffenland – in den Salumerie von Norcia hängen die Schaufenster voller Schinken und Würste

Restaurants
Granaro del Monte, Via Alfieri 12, Tel. 07 43 81 75 51. Solides Restaurant mit offenem Kamin in einem päpstlichen Kornspeicher des 16. Jh. Die Küche brilliert in Lamm, Hochlandlinsen und den lokalen luftgetrockneten Schinken (Di geschl.).

Sturm und Drang, Corso Sertorio 32, Tel. 07 43 81 71 21. Hier trifft sich die Jugend von Norcia bei Bier und Pizza.

Taverna de' Massari, Via Roma 13, Tel. 07 43 81 62 18. Nettes kleineres Lokal. Spezialitäten sind Ravioli mit Ricotta und Steinpilzen sowie getrüffelte Forellen (im Winter Di geschl.).

34 Castelluccio

Wandern, Skifahren und Paragliding.

Die Fahrt von Norcia in das in den *Monti Sibillini* gelegene Bergdorf ist im Juni am schönsten, wenn in der Ebene von Castelluccio die Linsen in Blüte stehen. Man fährt zunächst Richtung *Forca Canapine*: An der Grenze zu den Abruzzen liegt ein Skigebiet mit Liften und Hüttenzauber (Saison Dez.–Febr.). Kurz vorher biegt man nach Castelluccio ab und hat plötzlich eine atemberaubende Landschaft vor sich. Am Ende einer weiten Hochebene, dem 18 km langen, aus einem Karstsee entstandenen *Piano Grande*, liegt auf einem Hügel in 1452 m Höhe der Ort Castelluccio. Rechts wird das Panorama von den steil abfallenden, meist bis ins späte Frühjahr schneebedeckten Hängen des *Monte Vettore* – der Gipfel (2476 m) liegt bereits in den Marken – begrenzt.

Castelluccio, außerhalb der sommerlichen Wandersaison eine eher gottvergessene Ansammlung niedriger Hütten, ist berühmt für seine winzigen Hochlandlinsen. Sie werden im April gesät und im August als Schoten geerntet, aus denen man nach kurzer Trockenzeit die Früchte spelzt. Man kann sie ebenso wie Hirtenkäse aus eigener Produktion im Ort kaufen: Ein Kilo der besten, nicht durch kleine Steinchen verunreinigten Qualität kostet über 20 DM. Weitere Erwerbszweige sind die Huskyzucht und der Sporttourismus, vor allem Drachenfliegen.

Hinter Castelluccio breitet sich eine zweite, kleinere Ebene aus; sie trägt den schauerlichen Namen *Piano perduto* (verlorene Ebene). Da sich hier früher bei dichtem Winternebel häufig Menschen verirrten, mußten oft tagelang die Glocken geläutet werden, um die Verlorenen wieder auf den richtigen Weg zu bringen.

Wandern wie Tannhäuser

Castelluccio ist Ausgangspunkt für Wanderungen im Nationalpark der **Monti Sibillini**, *der auf das Gebiet der Marken und Abruzzen übergreift (Wanderkarten vom Club Alpino Italiano (CAI) sind u.a. im Hotel Sibilla erhältlich). Der klassische Aufstieg beginnt bei der Paßhöhe* **TOP TIP** **Forca di Presto** *(Rifugio degli Alpini, 4–5 Std.). Von dort aus läßt sich auf Kletterwegen auch die* **Sibyllengrotte** *erreichen, die dem Gebirge seinen Namen gegeben hat. Die geheimnisvolle Anlage gilt als der Venusberg des Tannhäuser. Sie wurde im 17. Jh. von den kirchlichen Autoritäten vermauert, weil sie seit langem als beliebter Zauberertreff fungierte.*

Castelluccio / Cascia

Castelluccio steht bei Sportlern hoch im Kurs – im Sommer ist es Treff der Paraglider, im Winter Treff der Skifahrer

Praktische Hinweise

Hotel
* **Sibilla**, Tel. 07 43 87 01 13. Einfache, zweckmäßige Unterkunft. Paragliders welcome!

Restaurants
La Campagnola, Tel. 07 43 82 11 46. Ganzjährig geöffnete Bar an der Piazza mit kleinen Snacks.
Taverna Castelluccio, Tel. 07 43 87 01 58. Linsen und Lamm ohne Schnickschnack.

35 Cascia

Das Grab der hl. Rita zieht Pilgerscharen aus ganz Italien an.

Das im Bergland gelegene Cascia – hier wird die *hl. Rita* verehrt – zählt zu den meistbesuchten Pilgerstätten Italiens. Kunsthistorische Schätze aus dem Mittelalter darf man jedoch nicht erwarten. Schließlich wurde Rita (1381–1457) erst 1900 heiliggesprochen. Seitdem jedoch reißt der Strom der Gläubigen Richtung Cascia nicht mehr ab. Pilgerhospize und Hotels sowie die Wallfahrtskirche der Heiligen prägen das Stadtbild.

Das **Santuario di S. Rita** wurde 1937–47 vom Vatikanarchitekten *Spirito Maria Chiapetta* im byzantisierenden Stil errichtet. Am Portal sind Episoden

Den Berg hinaufgewachsen – seit der Heiligsprechung der hl. Rita entstanden in Cascia zahlreiche Pilgerhospize und Hotels

119

In den Ausläufern des Apennin – Cascia / Valnerina

Der hl. Rita zu Ehren – das monumentale Santuario di S. Rita in Cascia

aus dem Leben der Heiligen zu sehen, das Innere wirkt durch die kostbaren Gesteinsmaterialien und den griechischen Grundriß. Zelle und ursprünglicher Sarkophag der Heiligen können im benachbarten Kloster besichtigt werden.

Mehr als zehn Jahre war Rita mit einem brutalen Kriegsmann verheiratet gewesen. Als dieser in einer Fehde erschlagen wurde, wünschte sie sich den Tod ihrer beiden Söhne, damit diese den Vater nicht rächen konnten. Als die beiden einer Pestepidemie erlagen, trat Rita einem Augustinerkonvent bei. Hier hatte sie 1442 eine Art Stigmatisationserlebnis: Ein Dorn aus der Dornenkrone Christi drang in ihre Stirn ein. Am 22. Mai 1457 wurde sie von einem vierjährigen Krankenlager erlöst, wobei ein erstes Wunder geschah: In ihrer Todesstunde begannen die Glocken von selbst zu läuten.

Unter den anderen Kirchen des Ortes, die allesamt von dem furchtbaren Erdbeben des Jahres 1703 in Mitleidenschaft gezogen wurden, lohnen insbesondere die **Chiesa S. Maria**, in der Rita 1381 getauft wurde, und die **Chiesa San Francesco**, die ein schönes gotisches Chorgestühl besitzt, den Besuch.

Echte Pilger werden auf den Abstecher in das auf einer Höhe von 707 m gelegene Dorf **Roccaporena** (Linienbus, ca. 6 km westlich von Cascia) nicht verzichten wollen. Hier wurde die Heilige 1381 geboren, und hier lebte sie auch bis zu ihrem Eintritt ins Kloster 1414. Nicht nur in ihrem *Geburtshaus* blüht heute der Ritakult. Auch das Gebäude, in dem sie mit ihrem Ehemann lebte, und die kleine *Chiesa San Domenico*, in der sie getraut wurde, können besichtigt werden.

Touristisch noch völlig unentdeckt hingegen ist das hübsch hergerichtete **Monteleone di Spoleto** (12 km südlich von Cascia). Bei Ausgrabungen in einem etruskischen Grab kam 1902 ein spektakulärer Fund zum Vorschein, ein Bronzekarren (*Biga*) mit homerischen Reliefs. Das Original zählt heute zu den Highlights des Metropolitan Museum in New York, eine Kopie kann in der *Chiesa San Gilberto* begutachtet werden.

Praktische Hinweise

Hotels

** **Delle Rose**, Via del Santuario 2, Tel. 07 43 76 24 1, Fax 07 43 76 24 0. Größtes Pilgergruppenhotel am Platz.

** **Roccaporena**, Roccaporena, Tel./Fax 07 43 76 34 8. 80 Zimmer, behindertengerecht; für alle, die im Geburtsort der hl. Rita wohnen wollen.

Rifugio Belvedere, Frazione Onelli, Tel. 07 43 76 17 2. Hüttenzimmer für Wanderer, Vorbestellung empfohlen.

Restaurant

Da Pietro Marchetti, Ruscio di Monteleone, Tel. 07 43 70 11 1. Landgaststätte, die Dinkelsuppe, *strascinati* (Nudeln mit Salsiccia und Pecorino) und Lamm vom Rost serviert. Einfache Zimmer vorhanden.

36 Valnerina   *Plan Seite 122*

Romanische Kirchen und Klöster in einer idyllischen Landschaft.

Die Fahrt entlang des Oberlaufs der *Nera*, von den Kaskaden von **Terni** bis ins Bergland westlich von **Norcia**, führt durch eine der reizvollsten Landschaften Italiens. Bei *Ferentillo* rücken die dicht mit Eichen bewaldeten Bergschluchten eng zusammen, und die Geschlechtertürme der steil am Hang emporkletternden Felsnester formen eine wildromantische Ku-

Valnerina

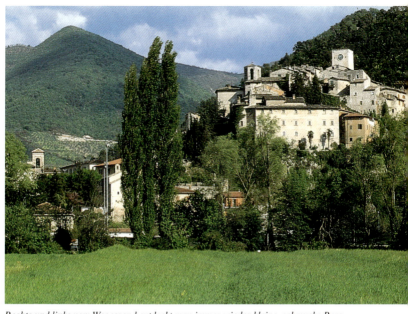

Rechts und links vom Wegesrand entdeckt man immer wieder kleine, schmucke Bergstädtchen – Arrone, Valnerina

lisse. Hier bestimmt im Frühjahr das Rotviolett üppig ausschlagender Judasbäume das Bild südlicher Vegetation. Weiter oben schlängelt sich die forellenreiche, von Weiden gesäumte Nera durch grüne, mit Bergblumen gesprenkelte Wiesen.

Von Terni aus erreicht man zunächst die mittelalterliche Wegstation **Arrone**, wo im Jahr 1240 Stauferkaiser Friedrich II. eine Rast einlegte. In der *Chiesa S. Maria* an der Piazza Garibaldi beeindruckt eine vorzügliche Terrakotta-Gruppe des 16. Jh. mit einer eleganten, das Christuskind stillenden Maria. Sie sitzt mit entblößter Schulter zwischen den hll. Johannes d. T. und Benedikt. In der winzigen, auf einen Felssporn gebauten Oberstadt La Terra birgt die *Chiesa San Giovanni* hölzern-provinzielle Fresken des 15. Jh., u. a. einen Gnadenstuhl und Erzengel Michael als Seelenwäger.

Ferentillo, malerisch am Ausgang einer Schlucht den Hang emporkletternd, wird durch die Nera in zwei Ortsteile geschieden. Matterella auf dem rechten Ufer wartet mit einem guten Gemälde des Raffael-Nachfolgers Jacopo Siculo auf, das dieser 1543 für die *Chiesa S. Maria* schuf. Es zeigt Gottvater im Kreise der hll. Lucia, Agathe, Katharina, Barbara und Apollonia. Precetto hingegen wird meist we-

gen einer makabren Sensation aufgesucht. In der Krypta von *S. Stefano* kann man Mumien besichtigen (tgl. 10–12.30 und 14.30–17 Uhr). Dem nitrat- und salzhaltigen Boden, auf den die Verstorbenen ohne Einbalsamierung gebettet wurden,

Ländliches Umbrien – ein weiteres Bergstädtchen der Valnerina ist Ferentillo

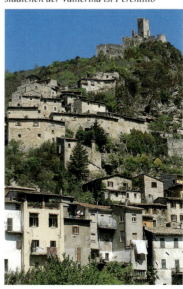

121

In den Ausläufern des Apennin – Valnerina

ist der gute Konservierungszustand der Mumien zu verdanken.

Nach **San Valentino** verirren sich nur selten Touristen. Wer 4 km vor Scheggino rechts abbiegt, kann in der Pfarrkirche des winzigen Fleckens bäuerlich-umbrische Fresken genießen, u.a. sind die Pestheiligen Rochus und Sebastian dargestellt. **Scheggino** besaß im Mittelalter eine der wenigen Brücken über die Nera. In der Renaissance war der Ort berühmt für seine Kunstschmiede, hier wurden u.a. die Schmuckgitter für den Petersdom und das Pantheon in Rom gedrechselt. Das Eisen stammte aus den nahen Gruben von Gavelli und Monteleone. Doch dieses Traditionshandwerk ist heute leider fast vollständig verschwunden. Ein beliebtes Ausflugsziel sind die Valcasana-Quellen, wo man Störe und Flußkrebse angeln kann.

Sant'Anatolia di Narco wird von einem noch fast vollständig erhaltenen Mauerring aus dem 14. Jh. umgeben. Berühmtheit erlangte der Ort durch ein florierendes Wirtschaftsunternehmen, dessen moderne Fabrikhalle am Ortseingang liegt. *Urbani* ist Marktführer sowohl im umbrischen wie im internationalen Trüffelwettbewerb.

Von hier kann man einen kurvenreichen Abstecher ins 1152 m hoch gelegene **Gavelli** unternehmen, wo der Raffael-Schüler Lo Spagna zahlreiche Bilder für die *Chiesa San Michele* malte. Im Nera-Tal erreicht man als nächstes **Castel San Felice** mit der romanischen Kirche *San Felice di Narco*. Der syrische Wandermönch Felix, der im 6. Jh. nach Umbrien kam, ist einer der typischen Mönchsheiligen des Tals, die dem jungen Benedikt von Nursia entscheidende spirituelle Anstöße geliefert haben. Besonders reizvoll sind die Reliefs der Kirchenfassade. Unter der Fensterrose sieht man den Heiligen, wie er einen Drachen tötet und den Sohn einer Witwe heilt.

Der malerische Ort **Vallo di Nera** hat mit seinen kreisförmigen Straßen den für die Valnerina typischen Charakter eines bewohnten Kastells bewahrt. **Cerreto di Spoleto** hingegen ist in die Weltsprachen eingegangen: Der angeblich von dem Gallierfürsten Brennus gegründete Ort trägt seinen Namen nach den trüffelreichen Eichenwäldern. Als wandernde Naturheilkundler, die aus Bergkräutern destillierte Essenzen feilboten, zogen die Einwohner jahrelang durch die Städte

Das Auge ißt offenbar doch nicht immer mit – umbrische Delikatesse Trüffel

Teurer als Silber – umbrische Trüffel

*Bereits die Römer priesen den aphrodisiakischen Wohlgeschmack des Tuber Terrae. Heute hat sich die Wertschätzung dieser **seltenen Delikatesse in saftigen Preisen** niedergeschlagen – ein Kilo Trüffel kann je nach Saison und Qualität leicht über 3000 DM kosten, besonders prächtige Einzelstücke noch weitaus mehr.*

*Speisetrüffel gedeihen im wesentlichen in drei Regionen Europas: im **südfranzösischen Perigord**, in **Piemont** und in Mittelitalien mit Zentrum **Umbrien**. Der edlere **weiße Trüffel**, den man praktisch nur in den Wintermonaten ausgräbt, kommt hauptsächlich in Piemont und im Hinterland von Gubbio vor. Der **schwarze Trüffel** gedeiht das ganze Jahr hindurch. Doch der hochgeschätzte Winterpilz (pregiato) ist weit aromatischer als der ›billige‹ Sommertrüffel (scorze), aus dem meist die Trüffelsaucen produziert werden. Trüffel sind Schmarotzer, die an den Wurzeln bestimmter Bäume wachsen, wobei das Aufspüren der Pilze eine Wissenschaft für sich ist. Das schwerfällige und gefräßige **französische Trüffelschwein** wird in Umbrien kaum verwendet. Hier zieht man **Suchhunde** vor.*

*Es gibt in Umbrien die Möglichkeit, bei Trüffelsuchern zu übernachten und mit ihnen auf Pirsch zu gehen: **Agriturismo Bartoli**, Spoleto Locanda Patrico, Tel. 07 43 22 00 58. Farm mit sechs Zimmern in 1000 m Höhe. Wandern, Reiten, Trüffelpirsch und solide Hausmannskost.*

Mittelitaliens. Durch Verballhornung von Cerretani mit ciarlare (schwatzen) entstand der Begriff **ciarlatano** (Kurpfuscher, Scharlatan). Der Ort besitzt einen eigenen Kommunalpalast und Kirchen mit Votivmalereien. Das einstige Banditennest **Preci** wiederum hat Medizingeschichte geschrieben: Die europaweit bekannte Chirurgenschule perfektionierte im 16. und 17. Jh. die Technik des Star-

Abseits der ausgetretenen Touristenpfade inmitten der Valnerina liegt die befestigte kleine Ortschaft Castel San Felice

In den Ausläufern des Apennin – Valnerina / San Pietro in Valle

Ein Leben in der Abgeschiedenheit – Abbazia Sant' Eutizio

stechens. Ein winziges Medizinmuseum im 1. Stock des Rathauses erinnert an diese glorreiche Vergangenheit.

Umbrische Klosterfrömmigkeit pur kann man in der abgelegenen Waldabtei **Abbazia di Sant'Eutizio** erleben. Der syrische Wüstenmönch Eutizius hatte sich im 5. Jh. in die einsame Valle Castoriana zurückgezogen. Später, zwischen dem 9. und 13. Jh., entwickelte sich dann ein blühendes benediktinisches Kloster. Die Kirche mit dem auf einem Felsen errichteten Campanile wurde zwischen 1190 und 1235 errichtet. Die Fassade besitzt eine schöne, typisch umbrische Fensterrose mit Evangelistensymbolen. Im Inneren befindet sich das Anfang des 16. Jh. gefertigte Grab des Heiligen. Von der Abtei Sant' Eutizio aus erreicht man über die 1008 m hohe *Forca d'Ancarano* Norcia.

Praktische Hinweise

Restaurants

** Ristorante e Albergo del Ponte, Scheggino, Via Borgo 15, Tel. 07 43 61 25 3, Fax 07 43 61 11 31. Das beste Trüffelrestaurant in Umbrien, in dem auch Familie Urbani – führend im internationalen Trüffelwettbewerb – gerne speist. Unbedingt rechtzeitig vorbestellen, denn es gibt nur 20 Plätze.

Picotti Amina, Preci, Locanda Castelvecchio, Tel. 07 43 93 90 84, Fax 07 43 93 90 94. Agriturismo mit großzügigen Zimmern und Pool. Hier kann man sich sein Essen aus dem hauseigenen Anbau zusammenstellen: Linsen, Dinkel oder Kichererbsen.

37 San Pietro in Valle *Plan Seite 122*

Langobarden und frühe Fresken.

Von Zypressen beschirmt, in die waldreichen Hänge des Monte Solenne geschmiegt – ein Umbrientraum in malerischer Einsamkeit. Das altehrwürdige Kloster San Pietro in Valle mit dem markanten Campanile gehört zu den unvergeßlichen Erlebnissen dieses frommen Landes.

Geschichte Die spanischen Eremiten Lazarus und Johannes zogen sich im 6. Jh. in die Grotten des Monte Solenne zurück. Im 8. Jh. wählten die *Langobardenherzö-*

Meisterwerke der Malerei in ländlichen Klosteranlagen – San Pietro in Valle

San Pietro in Valle

Der fünfgeschossige imposante Campanile ist das Wahrzeichen von San Pietro in Valle

ge von Spoleto den heiligen Ort als Grablege. Nach der Zerstörung durch sarazenische Truppen ließ der Sachsenkaiser *Otto III.* das Kloster 996 wieder aufbauen. 1234 zogen Zisterzienser ein, Anfang des 14. Jh. wurde die Anlage der Lateranskirche in Rom direkt unterstellt. 1484 schließlich verschenkte sie Papst *Innozenz VII.* mitsamt ihren reichen Ländereien an einen Verwandten. Im 19. Jh. wurde das Kloster aufgelöst. Die Klostergebäude befinden sich heute in Privatbesitz.

Besichtigung Wahrzeichen der Klosteranlage (tgl. 10.15–12.30 und 14–18 Uhr, wenn geschlossen Kustodin Nardini Tel. 07 44 78 03 16) ist der fünfgeschossige **Campanile** aus dem 12. Jh. Mit seiner sparsamen Rundbogenfensterung und den Bögchenleisten unter den Ziergesimsen ist er ein typisches Beispiel des lombardischen Stils. In seine Wände sind Reliefs aus langobardischer Zeit eingemauert. Zu romantischer Ruhe lädt der zweigeschossige blumengeschmückte **Klosterhof**.

Das flachgedeckte **Langhaus** der Kirche birgt einen der ältesten Zyklen italienischer Wandmalerei aus der 2. Hälfte des 12. Jh., der in den letzten Jahren aufwendig restauriert wurde. Wenn die Bildformen auch im wesentlichen noch byzantinischen Archetypen folgen, so kündigt sich in der narrativen Reihung der Bildfolgen eigenes italienisches Stilempfinden an. Die linke Wand thematisiert in der Fensterzone die Genesis von der ›*Weltschöpfung*‹ bis zur ›*Vertreibung aus dem Paradies*‹. Das darunterliegende Register erzählt von Kain und Abel, Noah, Abraham und Isaak. Gegenüber ist das *Christusleben* dargestellt. Der Hauptaltar in der gewölbten Chorzone wurde aus langobardischen Marmorplatten zusammengefügt. Die Schauwand, das Paliotto, hat Herzog Hildericus (739–742) gestiftet. Man sieht drei große Tragkreuze, einen Beter und einen Mann mit Meißel: *Meister Ursus*, wie die Inschrift in schlechtem Latein verrät – das erste europäische Selbstporträt eines Künstlers seit der Antike.

Praktische Hinweise

Restaurant
Ristorante dell'Abbazia,
Tel. 07 44 78 01 29. Steinpilz-Strangozzi und getrüffelte Forellen werden im Klosterhof serviert und genossen (Mi geschl.).

Umbrien aktuell A bis Z

Vor Reiseantritt

ADAC Info-Service:
Tel. 0 18 05/10 11 12, Fax 30 29 28
(24 Pf./Min.)

ADAC im Internet:
www.adac.de

Informationen erteilt das **Staatliche Italienische Fremdenverkehrsamt ENIT** (*Ente Nazionale Italiano per il Turismo*). Hier werden aber keine Buchungen entgegengenommen.

Deutschland

Karl-Liebknecht-Str. 34, 10178 Berlin,
Tel. 0 30/2 47 83 97, Fax 2 47 83 99

Kaiserstr. 65, 60329 Frankfurt/Main,
Tel. 0 69/23 74 30, Fax 23 28 94

Goethestr. 20, 80336 München,
Tel. 0 89/53 13 17, Fax 53 45 27

Prospektbestellung unter
Tel. 01 90/70 64 40 (12 Pf./3 Sek.)

Österreich

Kärntnerring 4, 1010 Wien,
Tel. 01/5 05 43 74-0, Fax 5 05 02 48

Schweiz

Uraniastr. 32, 8001 Zürich,
Tel. 01/2 11 79 17, Fax 2 11 38 85

Allgemeine Informationen

Reisedokumente

Reisepaß oder **Personalausweis**. Kinder unter 16 Jahren Kinderausweis oder Eintrag im Elternpaß.

Kfz-Papiere

Führerschein, Fahrzeugschein und *Internationale Grüne Versicherungskarte.*

Krankenversicherung

Anspruchsausweis der Krankenkasse besorgen sowie – zusätzlich – eine **Auslandsreisekrankenversicherung** abschließen.

Für **Haustiere**: höchstens 30 Tage altes tierärztliches Gesundheitszeugnis und Tollwutimpfbescheinigung (mindestens 20 Tage, max. 11 Monate alt).

◁ *Eine Reise durch Umbrien: Straßencafé in Perugia* (**oben links**)*, auf Besuch bei der hl. Rita in Cascia* (**oben rechts**)*, Treffpunkt Domtreppe in Perugia* (**Mitte**)*, Mittelalterfestival in Assisi* (**unten links**)*, die Vielfalt umbrischer Vorspeisen* (**unten rechts**)

Zollbestimmungen

Reisebedarf für den persönlichen Gebrauch darf abgabenfrei eingeführt werden. *Richtmengen* für den Privatreisenden: 800 Zigaretten, 400 Zigarillos, 200 Zigarren, 1 kg Tabak, 10 l Spirituosen, 20 l Zwischenerzeugnisse, 90 l Wein (davon max. 60 l Schaumwein), 110 l Bier.

Für die Einfuhr aus Nicht-EU-Ländern (Schweiz) gelten als Höchstgrenzen: 200 Zigaretten, 100 Zigarillos, 50 Zigarren oder 250 g Tabak, 1 l Spirituosen über 22 % (sonst 2 l) und 2 l Wein, 50 ml Parfum, 250 ml Eau de Toilette, 500 g Kaffee und 100 g Tee.

Geld

Die italienische *Lira* (Lit.) ist in Banknoten zu 1000, 2000, 5000, 10 000, 50 000, 100 000 und 500 000 im Umlauf. Gebräuchlich sind daneben Münzen zu 50, 100, 200, 500 und 1000 Lire.

Euroschecks (pro Scheck max. 300 000 Lire) und *Kreditkarten* werden in Banken, Hotels und vielen Geschäften akzeptiert. An zahlreichen *EC-Geldautomaten* kann man rund um die Uhr Geld abheben (Höchstmenge pro Tag 300 000 Lire). Gegen Vorlage des Personalausweises erhält man von Postsparbüchern bis zu 1 Mio. Lire.

Allgemeine Informationen – Anreise

Aktuell A bis Z

Tourismusämter im Land

Die *Tourismusämter* und *Informations-büros* in Umbrien sind jeweils im Anschluß an die beschriebenen Orte angegeben (s. **Praktische Hinweise**). Öffnungszeiten: meist 9–12.30 und 15–19.30 Uhr. In kleineren Orten nur während der Saison (ca. Mai–Sept.).

Notrufnummern

Polizeinotruf und Unfallrettung: 113
Polizei (Carabinieri): 112
Feuerwehr: 115
Straßenhilfsdienst des ACI (auch mehrsprachig): 116

Bei Autopannen leistet der **ACI** rund um die Uhr *Pannendienst* (Soccorso Stradale). Man achte auf gelbe Notrufsäulen auf den Autobahnen (ca. alle 2 km).

ADAC-Notrufstation für Italien in Mailand, Tel. 02 66 15 91
ADAC-Notrufzentrale Müchen, Tel. 0049/89/22 22 22
ADAC-Ambulanzdienst München, Tel. 0049/89/76 76 76

Bei Unfällen mit *Sachschäden* ist es dringend erforderlich, die Versicherungsanstalt und die Versicherungsnummer des Unfallgegners zu notieren. Bei Unfällen mit *Personenschäden* muß die Polizei verständigt werden. Bei Autodiebstählen wende man sich an die nächste Polizeidienststelle (Auskunft über ACI, Tel 116).

Apotheken

Farmacie sind Mo–Fr 9–13 und 16–20 Uhr geöffnet. An Wochenenden hängt in jeder Apotheke ein Schild mit der nächsten diensthabenden Vertretung aus.

Diplomatische Vertretungen

Die deutschsprachigen Länder unterhalten in Umbrien keine eigenen Konsulate. Botschaften und Konsulate in Rom und Florenz:

Deutschland
Via San Martino della Battaglia 4, 00185 Roma, Tel. 06 49 21 31, Fax 0 64 45 26 72
Lungarno Vespucci 30, 50123 Firenze, Tel. 0 55 29 47 22, Fax 0 55 28 17 89

Österreich
Via Pergolesi 3, 00198 Roma, Tel. 0 68 44 01 41, Fax 0 68 54 32 86

Schweiz
Via Barbara Oriani 61, 00197 Roma, Tel. 06 80 95 71, Fax 0 68 08 85 10

Besondere Verkehrsbestimmungen

Tempolimits (in km/h): Für Pkw, Motorräder und Wohnmobile gilt innerorts 50, außerorts 90, auf Schnellstraßen 110 und auf Autobahnen 130. Für Wohnmobile über 3,4 t gilt außerorts 80, auf Autobahnen 100; Pkw mit Anhänger dürfen außerorts und auf Schnellstraßen maximal 70, auf Autobahnen 80 fahren.

Es besteht **Gurtanlegepflicht** und für Zweiradfahrzeuge **Sturzhelmpflicht**. Kinder unter 12 Jahren müssen auf dem Rücksitz befördert werden.

Die **Promillegrenze** liegt bei 0,8. Parkverbot besteht an schwarz-gelb markierten Bordsteinen, Straßenbahnen haben immer Vorfahrt.

Wichtig: Jede Ladung, die nach hinten überragt (Surfbretter, Boote, Fahrradständer), muß mit einer 50 x 50 cm großen, rot-weiß-roten, reflektierenden Warntafel (ggf. mit Rückstrahlern) versehen sein. Keine Ladung darf über die Vorderkante des Fahrzeugs hinausragen.

Zeitschriften, Zeitungen

Umbrer lesen gerne den *Corriere dell' Umbria* mit ausführlichen Lokalnotizen und Veranstaltungshinweisen. Daneben gibt es überall die großen nationalen Blätter wie *La Repubblica* und *Corriere della Sera*. Deutschsprachige Presse erhält man in Perugia und im Sommer am Trasimenischen See meist noch am Erscheinungstag. Als Hochglanzmagazin für umbrische Wirtschaft und Festivalmarketing bietet sich *Il cittadino* an, das monatlich in Foligno erscheint. Trüffel- und Trüffelhundefreunde werden ihre Freude an dem Spezialmagazin *Tuber* haben.

Anreise

Auto

Umfangreiches **Informations-** und **Kartenmaterial** können Mitglieder des ADAC kostenlos bei den ADAC-Geschäftsstellen oder unter Tel. 0 18 05/ 10 11 12 (24 Pf./Min.) anfordern.

Hinweis: Gerade in Umbrien mit seinen vielen ländlichen, abgelegenen Sehenswürdigkeiten und den schönen Bergstraßen ist ein Auto oder Motorrad sehr nützlich. Wer nur die großen Hauptorte besuchen will, ist allerdings bestens mit öffentlichen Verkehrsmitteln bedient.

Anreise – Bank, Post, Telefon – Einkaufen

Für die *Alpenüberquerung* bieten sich verschiedene Pässe an, über Österreich die Brennerautobahn, der Felbertauerntunnel und der Plöckenpaß, über die Schweiz der Splügenpaß, der St. Gotthard-Tunnel oder der Simplonpaß. In Österreich und der Schweiz benötigt man bei der Autobahnbenutzung eine gebührenpflichtige Vignette.

Auch auf italienischen Autobahnen werden hohe **Benutzungsgebühren** erhoben. So hat man auf der Brennerstrecke bis nach Umbrien one way ca. 70 DM an Gebühren zu entrichten. Entweder bezahlt man bar oder mit der Viacard (ca. 50 bzw. 100 DM, beim ADAC erhältlich). In Umbrien selbst ist nur die Trasse der Autostrada del Sole bei Orvieto gebührenpflichtig, die innerumbrischen Autobahnen dagegen sind als kostenfreie *superstrada* eingestuft.

Autobahn-Tankstellen sind durchgehend geöffnet, alle anderen meist Mo – Fr 7 – 12.30 und 15 – 19 Uhr. Am Wochenende machen sie Schichtdienst. Auf Hauptstrecken gibt es SB-Tanksäulen, die Geldscheine zu 10 000 und 50 000 Lire annehmen. Der Transport von Treibstoff in Kanistern ist verboten!

Bahn

Die Schnellzugstation Orvieto liegt direkt an der Hauptstrecke Brenner-Verona-Florenz-Rom. Alle anderen umbrischen Zentren erreicht man erst nach Umsteigen: im toskanischen Terontola-Cortona für den Lago Trasimeno, Perugia und den Norden, in Orte (Latium) für Terni, Spoleto und den Süden. Für Reisende aus Österreich kommt auch die landschaftlich reizvolle Adria-Apenninen-Strecke über Jesi, Fabriano und entlang der Flaminia nach Foligno in Frage.

Eine kräfteschonende Alternative stellen **Autoreisezüge** dar. In der Hauptreisezeit sind die Alpenzüge überfüllt, rechtzeitige Reservierung ist angeraten.

Flugzeug

Der Standardanflug geht über den Flughafen *Leonardo da Vinci* in **Roma-Fiumicino**. Von hier verkehren Shuttlebusse (Tel. 07 55 00 96 41) nach Perugia (210 km) und Terni (120 km). Außerdem gibt es gute Zugverbindungen nach Orvieto und zum Lago Trasimeno. Alternativen bilden die Flughäfen von Florenz, Pisa, Ancona und Rimini. Privatflieger

können direkt nach Umbrien auf den *Aeroporto Regionale Umbro Sant'Egidio* (Tel. 07 56 92 94 47, 12 km von Perugia) jetten, der auch von Mailand aus turnusmäßig angeflogen wird.

Bank, Post, Telefon

Bank

Geldwechsel bei Banken ist in der Regel Mo – Fr 8.20 – 13.20 und 14.30 – 15.30 Uhr möglich. Die Vorlage eines Personaldokuments ist hierfür erforderlich. Geldwechsel ist auch in Postämtern möglich.

Post

Postämter sind Mo – Sa 8.10 – 13.25 Uhr geöffnet. Die Hauptpostämter größerer Orte haben bis 18 Uhr Publikumsverkehr. Briefmarken (*francobolli*) werden auch in Tabakläden (*tabacchi*) verkauft.

Telefon

Die meisten öffentlichen Telefonzellen funktionieren mit Telefonkarten (*scheda telefonica*, perforierte Ecke abreißen!). Sie werden zu 5000, 10 000 und 15 000 Lire in Tabakläden (*tabacchi*), Kiosken und manchen Bars verkauft. Außerdem gibt es Telefonkreditkarten für Auslandsgespräche zu 50 000 und 100 000 Lire. Manche Apparate nehmen auch noch Münzen (100, 200 und 500 Lire) an.

Vorwahlen: Deutschland **0049**, Österreich **0043**, Schweiz **0041** (im Anschluß fällt bei der Ortskennzahl die Null weg), Italien **0039**. Seit Juni 1998 sind in Italien die ehem. Ortsvorwahlen fester Bestandteil der Telefonnummern und müssen **immer** (inkl. der 0) mitgewählt werden.

Mobiltelefone dürfen mitgeführt werden. Ihre Benutzung ist aber nur im D 1- und D 2-Netz möglich und erlaubt.

Einkaufen

Die Geschäftszeiten sind regional unterschiedlich. Im allgemeinen sind sowohl Lebensmittelläden als auch Boutiquen und Fachgeschäfte Mo – Sa 8.30/9/10 – 12.30/13 und 15.30/16 – 19.30/20 Uhr geöffnet. Am Samstagnachmittag ist normaler Einkauf, dafür schließen viele Geschäfte an einem Werktag der Woche. Ferienorte haben erweiterte Öffnungszeiten – in den Abendstunden und sonntags.

Aktuell A bis Z

Einkaufen – Essen und Trinken

Souvenirs

Immer beliebter als Souvenirs werden Lebensmittel: **Grünes Olivenöl** aus Spello oder Montefalco, **Orvietowein**, Trüffelkäse aus Spoleto, Hochlandlinsen aus Castelluccio oder luftgetrockneter **Schinken** aus dem Bergland von Norcia. Oder einfach **baci**, die Haselnußschokoküsse aus Perugia mit dem polyglotten Liebesspruch zum Auswickeln.

Typische Mitbringsel sind außerdem **Olivenholzschnitzereien** aus Assisi, **Majolika** aus Deruta, **Spitzen** von der Isola Maggiore im Trasimenischen See oder die selbst vom Papst begehrten **Leinentücher** der Tela Umbra in Città di Castello. Groß ist die Auswahl an antiken und modernen **Landhausmöbeln**, reizvoll auch die schmiedeeisernen **Designermöbel** der wieder aufblühenden Metallflechtkunst. Wer sich gerne ›Öl‹ ins Wohnzimmer hängt, wird ebenfalls leicht fündig: Viele Maler haben Umbrien zu ihrem Lieblingsatelier erkoren.

Essen und Trinken

Zahlreiche Italiener ziehen die zwischen Bodenständigkeit und Raffinement changierende umbrische Küche der hochgelobten toskanischen vor. Hier gibt es alles, was als toskanisch gilt, und noch etwas

Schwein gehabt – Porchetta ist der beliebte umbrische Pausensnack

mehr: Denn hier ist die Küche unverfälschter, weniger touristisch und meist preisgünstiger. Delikatessen wie Wildtauben, Trüffel oder Steinpilze gehören durchaus noch zum normalen und erschwinglichen Speisezettel. Besonders reizvoll ist auch die Wiederbelebung antiker und mittelalterlicher Rezepte, die bei den großen Volksfesten im Original-Ambiente der Stadtteiltavernen serviert werden.

Nicht nur linguistisch, auch kulinarisch verläuft durch Umbrien die Trennlinie zwischen Nord- und Süditalien. Während zwischen toskanischer und perusinischer Küche nur graduelle Unterschiede bestehen, ist man bei der südumbrischen Hartweizenpasta mit Tomatensauce schon ganz bei der meridionalen Küche Süditaliens.

Trüffelcrostini und Kleiekäse

Die Sorgfalt geht schon bei den *crostini* (kleine, meist geröstete Weißbrotscheiben mit Aufstrich) los, einer Art Visitenkarte jeden Restaurants. Neben dem vorzüglichen Standard mit säuerlicher Geflügelleber sind hier phantasiereiche Varianten anzutreffen: mit Drosselpaste, Trüffelcreme, mit *salsa francescana* (schwarze getrüffelte Oliven), grüner Spargelspitzenmousse, Steinpilzen oder ganz schlicht mit Olivenöl und Salz (*bruschetta*). Salami und Schinken ist praktisch überall hausgemacht, in ganz Italien berühmt sind die *norcinerie* aus Norcia: zarter Berglandschinken, Wildschwein-*salamini*, Fenchelpreßwurst und Hirschschinken. Auch umbrischer Käse, vor allem der in Kleie gewälzte Hirtenquark, wird nach süditalienischer Manier gern als Antipasto gegessen.

Kichererbsen und Hartweizenpasta

Wie schon die antiken Umbrer und Provinzialrömer sind auch die modernen Einwohner große Hülsenfruchtesser. Immer wieder verblüfft selbst auf einfachsten Bauernmärkten die Sortenvielfalt an Bohnen und anderen *legumi*. Wer Glück hat, findet so seltene schlichte Delikatessen wie Saubohnenpüree oder die alte umbrische Sorte *cicerchie*, eine Mischung aus Kichererbsen und Pferdebohnen. Königin der Hülsenfrüchte ist die Berglandlinse: Die teuren aromatischen *lenticchie di Castelluccio* brauchen wenig mehr Zutaten als Wasser, Olivenöl und eventuell eine Knoblauchzehe und ein Lorbeerblatt.

Essen und Trinken

Qual der Wahl – groß ist die Auswahl an guten umbrischen Weinen

Goldener Orvieto und brombeerroter Sagrantino – Weine mit Zukunft

Einst bedeutete umbrischer Wein international nichts anderes als Orvieto, und der nicht immer von bester Qualität. Doch im Sog des Toskanabooms haben auch die umbrischen Weine zu Recht eine große Aufwertung erfahren, und ihre Anbaufläche steigt seit Jahren kontinuierlich.

Der in Tuffgrotten gereifte **Orvieto***, einst Lieblingsgetränk der Päpste, ist durch Produzenten wie Decugnano dei Barbi, Antinori und Barberani wieder zu einem der großen Eliteweine Italiens geworden. Allerdings wird es immer schwerer, die traditionellen halbtrockenen (abboccato) und süßen (amabile) Sorten zu finden.*

Doch andere umbrische Spitzenweine machen ihm längst den Primat streitig. In Torgiano hat Lungarotti ein Wein-Imperium aufgebaut, das mit importierten Reben wie Chardonnay und Cabernet Sauvignon Spitzenergebnisse erzielt. Und der unverschnittene **Sagrantino di Montefalco***, einst ein dunkler hochprozentiger Rotwein von fast brutaler Intensität, hat sich durch Winzer wie Arnaldo Caprai und Decio Fongoli italienweit zu einem klassischen Partner von Wildgerichten entwickelt.*

Daneben gibt es manche Entdeckung zu machen. Etwa die trasimenischen Rotweine von Ferruccio Lamborghini oder die Weißweine des oberen Tibertals, die man gut in der Cantina Regionale in Perugia verkosten kann. Zum Schluß ein Geheimtip aus Südumbrien: Der schwach nach Zimt duftende rote Carbio aus den Colli Amerini ist seinen Preis allemal wert.

Und zum Durstmachen nun vier ausgewählte Weingüter mit Direktverkauf:

Cantina dei Colli Amerini, *Fornole/Amelia, Tel. 07 44 98 97 21. Carbio und andere südumbrische Weine im Fabrikverkauf.*

Polidori, *Umbertide, Frazione Pierantonio, Tel. 07 59 41 42 66. Vini Altotiberini direkt vom Agriturismo Casabaldi. Für Direktzecher zwei Appartements.*

Decugnano dei Barbi, *Orvieto, Locanda Fossatello di Corbara, Tel. 07 63 30 81 18. Der beste Öko-Orvieto. Voranmeldung erwünscht.*

Antonelli San Marco, *Montefalco, Locanda San Marco, Tel. 07 42 37 91 58. Rosso und Sagrantino di Montefalco sowie eigenes Olivenöl.*

Essen und Trinken – Feste und Feiern

Dagegen verblaßt, wie in ganz Mittelitalien, die Nudeltradition etwas. Immerhin serviert man in Südumbrien gerne dicke helle Bandnudeln, die *strangozzi, ciriole* oder *manfricoli* heißen, mit Peperoni-Tomatensugo. Im ›nördlichen‹ Perugia hingegen liebt man es eher toskanisch-emilianisch. Hier stehen *tagliatelle* mit Eiern im Vordergrund. An die Stelle der Tomatensaucen treten Hasensugo, Wildspargel oder Pilze.

Wildtauben und Karpfenkaviar

Der *secondo piatto*, die obligatorische Hauptspeise, ist in Umbrien meist Fleisch von traumhafter Qualität. Die *bistecca* Umbriens, von freiweidenden Berglandkühen, ist eine der besten Italiens. Weitere Spezialitäten sind Geflügel wie Gänse, Enten, Perlhühner und Wildtauben mit der köstlichen *alla-leccarda*-Sauce aus den eigenen Innereien. Kaninchen und Wildschwein steht regelmäßig auf der Speisekarte, schwieriger ist es schon, ein Schmankerl wie *mazzafegato* aufzutreiben. Die grobe Schweineleberpastete mit Orangeade, Pinienkernen und Rosinen soll ein in die Valnerina verschlagenes Kreuzfahrerrezept sein.

Umbrischen Fisch und Flußkrebse ißt man am Lago Trasimeno und Lago di Piediluco. Spezialitäten sind *regina in porchetta* (Königskarpfen in Schweineschmalzkräuterpaste), Karpfenkaviar und Süßwasserkrebse in grüner Sauce. Im Nera-Tal schließlich werden getrüffelte Forellen serviert.

Marzipanaale und Feigenstrudel

Riesig und je nach Ort höchst unterschiedlich ist auch das Angebot an umbrischen Süßigkeiten (*dolci*). In Perugia ißt man *torciglioni*, riesige Marzipanaale mit Kirschaugen, in Assisi *rocciata*, eine Art groben Florentiner. Den Versuch wert sind auch *castagnacci* aus Kastanienmehl und die vorzüglichen dicken umbrischen *strudel*, die sich von ihren austrovenezianischen Vorbildern durch Füllmaterialien wie Pinienkerne und Trockenfeigen abheben.

Feste und Feiern

In ganz Italien geltende **Feiertage**: 1. und 6. Januar, Ostersonntag (*pasqua*) Ostermontag (*pasquetta*), 25. April (Tag der Befreiung von den deutschen Okkupationstruppen), 1. Mai, 15. August (*ferragosto*), 1. November, 8. Dezember (Mariä Empfängnis), 25. und 26. Dezember

In den **Sommermonaten** jagt in Umbrien ein Fest das andere. Die meisten haben mit Essen zu tun, sind sogenannte *sagre*, wo man deftig und bodenständig Gänse, Trüffel, Bauernbrot, Kirschen, Froschschenkel oder ein anderes jeweils gefeiertes Produkt genießen kann. Daneben gibt es die großen historischen Feste wie *Calendimaggio* in Assisi oder *Corsa dei Ceri* in Gubbio. Diese haben sich freilich angesichts des Touristenandrangs in perfekt inszenierte telegene Spektakel verwandelt und ihren Volksfestcharakter weitgehend verloren. Der Fremde hat zwar ordentlich zu fotografieren, aber bleibt auch klar ausgegrenzter Zaungast. Besonders reizvoll und herzlich sind hingegen urige Mittelalterfeste mit historischen Tavernen wie die *Sagra dell'Anello* in Narni oder die Feste in Bevagna und Montefalco.

Die dramatischen Osterprozessionen der Settimana Santa bilden den Höhepunkt des kirchlichen Festkalenders.

Januar

Bis *beffana* (6. 1.) sind in vielen Orten Weihnachtskrippen ausgestellt. Am 27. feiert **Trevi** den Märtyrerheiligen Sant' Emiliano mit einer nächtlichen Fackelprozession.

Februar

Karneval in Acquasparta und Bevagna mit Maskenkarren. Am 14.2. wird in **Terni** San Valentinos, des Patrons der Liebenden, gedacht.

März/April

Die Karwoche, die *settimana santa*, ist eine eigene Reise wert. Prozessionen finden praktisch in jedem Ort statt, besonders sehenswert sind sie in Cascia, Assisi und Gualdo Tadino.

Mai

Beim *Calendimaggio* in **Assisi** (1. Do bis Sa) wird in fotogenen Kostümen die liebestolle Jugend des hl. Franziskus nachgespielt. Höhepunkt des Treibens ist ein Sängerwettstreit. Das herzlichste und unverfälschteste der großen Feste Umbriens ist die *Sagra dell'Anello* in **Narni** (2 Wochen Ende April bis Mitte Mai). Bei dem Ringelstechen sind zahlreiche Künstlerateliers geöffnet und die Stadtterzieri wetteifern in schmackhafter

Küche in historischen Tavernen. Am 15. steht **Gubbio** Kopf. Bei der *Corsa dei Ceri*, einem ›Heiligenrennen‹, werden zentnerschwere Holzidole im Sturmschritt bergauf geschleppt. Zu Fronleichnam ertrinkt **Spello** in Düften: Bei der *Infiorata* wird der Corso von einem Bilderteppich aus frischen Blüten bedeckt.

Juni
Wie im Mittelaltermovie: Verrauchte Tavernen, Hanfwinder, Marketenderinnen und Armbrustschützen beim *Mercato delle Gaite* in **Bevagna** (1 Woche gegen Monatsende). Nächtliche Barkenprozessionen und klassische Musik auf dem **Lago di Piediluco** (Ende Juni/Anfang Juli).

August
Pfeilschützen aufmarschiert: Beim *Palio dei Terzieri* in **Città della Pieve** zielen die Stadtteile um die Wette (am 1. Sonntag nach der Monatsmitte).

September
Ein Muß für Ritterfans: Bei der *Giostra della Quintana* in **Foligno** (2. und 3. Sonntag) wird mit bloßen Lanzen um die Huld der Damen gestochen.

Oktober
›Schwarzer‹ Sellerie (*sedano nero*) für alle in **Trevi** zur Monatsmitte.

November
Festa di San Martino in **Nocera Umbra** mit Weinkost.

Dezember
In vielen Bergstädten sind, einer Idee des hl. Franziskus folgend, ›lebende Krippen‹ (*presepi viventi*) ausgestellt. Das damit verbundene Weihnachtsshopping zieht scharenweise italienische Touristen an.

Klima und Reisezeit

Die ideale Reisezeit liegt zwischen Mai und September, wenn in Umbrien schönes sonniges Wetter herrscht, die hohe Lage der gebirgigen Region aber für genügend Frische und Kühle sorgt: Auch im Hochsommer kann in manchen umbrischen Bergorten ein Pullover nicht schaden!

Auch Frühjahr und Herbst können reizvolle, wenn auch nicht ganz so sichere Reisezeiten sein. Nur für ganz Hartgesottene hingegen ist der regnerische Winter

zu empfehlen. Denn dann sind die meisten umbrischen Städtchen völlig ausgestorben. Lediglich die Weihnachtszeit mit Krippen und Märkten und vielen italienischen Touristen kann ein Tip sein. Und wer in Assisi wirklich meditieren möchte, sollte die nebligen Januarmorgen wählen.

Klimadaten Perugia

Monat	Luft (°C) min./max.	Sonnen- std./Tag	Regen- tage
Januar	2/7	3	9
Februar	2/9	3	8
März	4/12	3	9
April	8/16	7	9
Mai	11/20	8	8
Juni	15/25	8	7
Juli	17/28	10	5
August	17/28	9	5
September	15/24	8	6
Oktober	11/18	5	8
November	7/13	4	10
Dezember	4/9	3	11

Kultur live

Das Ereignis der Saison findet in **Spoleto**, dem umbrischen Salzburg, statt: Ende Juni bis Mitte Juli treffen sich hier Opernstars zum *Festival dei due Mondi*.

Nirgendwo geht es so rund wie in **Perugia**. *Rockin' Umbria* (Juni/Juli), *Umbria Jazz* (Juli) oder das Kirchenmusikfestival *Sacra Musicale Umbra* (September): Hier kommen alle musikalischen Temperamente auf ihre Kosten.

Kammermusikfans pilgern im Juli nach **Città di Castello** zum *Festival delle Nazioni*. Das römische Theater in **Gubbio** gibt die passende Kulisse für antike Tragödien ab, die im Juli/August live aufgeführt werden.

Barock total ist seit 1981 im September/ Oktober in Foligno angesagt. Bei den *Segni Barocchi* wird barock getanzt, geschmaust und geflirtet.

Fast alle Kleinstädtchen verfügen über gutrenovierte historische Theater aus dem 18. oder 19. Jh., unbekannte Juwelen, die jedoch nur sporadisch bespielt werden.

Museen und Kirchen

Die Öffnungszeiten der Museen sind uneinheitlich. Detaillierte Angaben finden sich im Textteil. Im allgemeinen kann

Aktuell A bis Z

Museen und Kirchen – Nachtleben – Sport – Statistik – Unterkunft

man davon ausgehen, daß fast alle Museen vormittags zwischen 10 und 12 Uhr geöffnet haben. Montag ist vielfach Ruhetag.

Zahlreiche Kirchen sind in den Mittagsstunden (12/13–15/16 Uhr) verschlossen. Kleinere Kirchen in abgelegenen Orten sind häufig abgesperrt, doch findet sich meist jemand, der behilflich ist. Während der Gottesdienste sollten Kirchen nicht besichtigt werden.

Nachtleben

Wie überall in Italien findet das Nachtleben in teuren Megadiscos an Schnellstraßen außerhalb der Orte statt. Alternative: Auch auf vielen *sagre* wird nachts das Tanzbein geschwungen, wenn die Stereoanlage vom mittelalterlichen Stadtturm dröhnt. Eine größere Auswahl an *Nights* gibt es ansonsten nur in Perugia mit seinem internationalen studentischen Publikum.

Sport

Umbrien ist ein Sportparadies. Das Spektrum reicht von gutausgeschilderten Wanderwegen und Kletterpfaden in den Apenninen bis zum Wasserski am Trasimenischen See und Fahrradexkursionen auf wenig befahrenen Seitenstraßen. Viele Gutshöfe haben sich auf Reiterferien spezialisiert, aber auch Freunde ausgefallenerer Sportarten wie Paragliding kommen z. B. in Castelluccio auf ihre Kosten. Wer wie die englische Upperclass unter Sport Jagen, Schießen und Fischen versteht, kann Wildschweine hetzen, Armbrustschießen lernen und Störe und Forellen in der Nera angeln. Noch ein Tip für Sportmodebewußte: Bei **ellesse** in Perugia kann man sich mit modischer Ausrüstung eindecken.

Statistik

Mit einer Fläche von 8456 km² ist Umbrien die fünftkleinste **Region** Italiens. Verwaltungsrechtlich wird sie in die Provinzen Perugia und Terni eingeteilt.

Mit ca. 820 000 Einwohnern (weniger als 1,5 % der Italiener) liegt die Besiedlungsdichte weit unter dem italienischen Durchschnitt.

Umbrien ist die einzige Binnenregion Italiens, die weder ans Meer noch an eine Landesgrenze stößt. Dafür gibt es genügend Wald (31 %) und Gebirge (29 %): Der höchste Gipfel, der Cima del Redentore in den Monti Sibillini, erreicht stolze 2449 m.

Wirtschaftlich spielt die Landwirtschaft (Olivenöl, Wein, Hülsenfrüchte, Viehzucht) eine dominante Rolle: Die vorzüglichen naturbelassenen Produkte der Region lassen sich gerade in Italien immer besser vermarkten. Ständige Zuwachsraten beschert auch der Tourismus (ca. 1,5 Mio. Besucher pro Jahr). Nach wie vor geht ein großer Teil der italienischen Übernachtungen auf Pilgerreisen zurück. Schließlich erlebt Umbrien seit Jahren einen Boom mittelständischer Existenzgründungen: Möbel- und Modemanufakturen, technische Zulieferbetriebe und Lebensmittelverarbeitung stellen die ökonomischen Daten der Region auf sehr solide Grundlagen. Umbrien ist das italienische ›Musterländle‹, wobei allerdings ein deutliches Gefälle zwischen der reichen Provinz Perugia und dem ›südlichen‹ Terni besteht.

Unterkunft

Agriturismo

Die italienische Variante des ›Urlaubs auf dem Bauernhof‹ ist vielleicht in keiner Region Italiens so erfolgreich und gut durchorganisiert wie in Umbrien. Rechtzeitige Voranmeldung ist dringend anzuraten, einige Betriebe schließen im Winter. Wegen des meist entlegenen Standortes empfiehlt sich die Mitnahme oder Anmietung eines Autos.

Informationen: **Agriturist Umbria**, Via Savonarola 38, 06121 Perugia, Tel./Fax 07 53 20 28

Terranostra Umbria, Via Campo di Marte 10, 06124 Perugia, Tel. 07 55 00 95 59, Fax 0 75 09 20 32

Turismo Verde Umbria, Via Campo di Marte 14/I, 06124 Perugia, Tel. 07 55 00 29 53, Fax 07 55 00 29 56

Camping

Der Lago Trasimeno ist ein gut erschlossenes, traditionsreiches Camperparadies. Ansonsten ist – angesichts preisgünstiger Übernachtungsalternativen und fehlendem Badetourismus – das Netz von Campingplätzen zwar flächendeckend, aber eher dünn. Wildes Zelten ist – außer im Hochgebirge – nicht anzuraten. Eine Beschreibung geprüfter Campingplätze bietet der jährlich erscheinende ADAC Camping-Caravaning-Führer.

Ferienhäuser und -wohnungen

Im ganzen Reisegebiet werden wochenweise mietbare Ferienhäuser und -wohnungen angeboten. Sie sind komplett eingerichtet, Bettwäsche und Handtücher müssen häufig mitgebracht, können teilweise aber auch gemietet werden. *Kataloge* (auch von ADAC Reisen) geben detaillierte Auskünfte.

Hotels und Pensionen

Die italienischen Fremdenverkehrsämter sehen ein relativ variables Bewertungssystem von *(sehr bescheiden) bis ***** (Luxus) vor. Die Höchstpreise müssen in den Zimmern ausgehängt sein. Erfahrungsgemäß ist in Umbrien mit seiner mittelständisch geprägten Hotellerie der Preisunterschied zwischen Hoch- und Nebensaison eher gering. Dafür ist das Preis-Leistungsverhältnis fast überall ausgezeichnet – auch billigere Quartiere bieten fast immer gute Betten und sanitäre Anlagen. Wer auf das teure und meistens belanglose italienische Hotelfrühstück verzichtet, kann oft einiges einsparen.

In der Hochsaison, vor allem während der italienischen Schulferien (Mitte Juni bis Mitte September) oder zu großen Kirchen- und Volksfesten, kann es zu Hotelengpässen in Perugia, Assisi und Spoleto kommen. Empfehlungen bieten die ›Praktischen Hinweise‹ bei den jeweiligen Orten.

Jugendherbergen

Umbrien besitzt sieben Jugendherbergen, davon drei in Assisi und jeweils eine in Perugia und Gubbio. Normalerweise kann man sich auch tagsüber in umbrischen *ostelli* aufhalten. Günstige Alternativen stellen Klosterzimmer und Privatvermietung (*affittacamere*) dar.

Klöster

Gerade im frommen Umbrien bestehen zahlreiche Möglichkeiten, in Klöstern zu nächtigen. Das Angebot reicht von den ›professionellen‹ Hospizen in Assisi, wo man die Wahl hat zwischen Ordensgemeinschaften aus aller Welt, bis zu riesigen verschlafenen Konventen und *case religiose* in umbrischen Kleinstädten.

Verkehrsmittel im Land

Umbrien verfügt über ein gutausgebautes und preisgünstiges Netz öffentlicher Verkehrsmittel.

Bahn

Die wichtigste Trasse führt vom Trasimenischen See über Perugia und Assisi durch die Valle Umbra Richtung Spoleto und Terni. Häufig befahren ist auch die private Stichstrecke ins nördliche Tibertal nach Città di Castello und dem toskanischen Sansepolcro (Abfahrt von der Stazione S. Anna, Perugia, unterhalb der Rocca Paolina), während die ruhmreiche Bergbahn nach Norcia schon lange eingestellt ist. Schnellzugstation auf dem Weg nach Rom ist schließlich Orvieto im Westen.

Bus

Es besteht ein dichtes Autobusnetz, das insbesondere die Bergorte des Hinterlandes einbindet. Fahrkarten (*biglietti*) kann man in Bars, Kiosken oder anderen Vorverkaufsstellen erwerben, meist auch in den Bussen, wo sie jedoch etwas teurer sind.

Mietfahrrad

Fahrradtouren durch Umbrien erfreuen sich steigender Beliebtheit. Das in Tourismusbüros erhältliche offizielle Hotelverzeichnis der Region *Ospitalità in Umbria* enthält auch eine Liste von Fahrradvermietern.

Mietwagen

In den Städten und größeren Orten kann man Autos oder Motorräder mieten. Für Mitglieder bietet die **ADAC-Autovermietung-GmbH** günstige Bedingungen (Buchungen über ADAC-Geschäftsstellen oder unter Tel. 01802/318181 (12 Pf./Anruf).

Schiff

Regelmäßige Schiffslinien verkehren zwischen den größeren Hafenorten am Trasimenischen See, Castiglione, Passignano und San Feliciano, sowie zur Isola Maggiore und Isola Polvese.

Sprachführer

Das Wichtigste in Kürze

Ja / Nein	*Sì / No*
Bitte / Danke	*Per favore / Grazie*
In Ordnung. / Einverstanden.	*Va bene. / D'accordo.*
Sehr gut!	*Molto bene!*
Entschuldigung!	*Scusi!*
Wie bitte?	*Come dice?*
Ich verstehe Sie nicht.	*Non la capisco.*
Ich spreche nur wenig Italienisch.	*Parlo solo un po' d'italiano.*
Können Sie mir bitte helfen?	*Mi può aiutare, per favore?*
Das gefällt mir (nicht).	*(Non) Mi piace.*
Ich möchte …	*Vorrei …*
Haben Sie …?	*Ha …?*
Wie viel kostet …? / Wie teuer ist …?	*Quanto costa …?*
Kann ich mit Kreditkarte bezahlen?	*Posso pagare con la carta di credito?*
Wie viel Uhr ist es?	*Che ore sono? / Che ora è?*
Guten Morgen! / Guten Tag!	*Buon giorno!*
Guten Abend!	*Buona sera!*
Gute Nacht!	*Buona notte!*
Hallo! / Grüß Dich!	*Ciao!*
Wie ist Ihr Name, bitte?	*Come si chiama, per favore?*
Mein Name ist …	*Mi chiamo …*
Wie geht es Ihnen?	*Come sta?*
Auf Wiedersehen!	*Arrivederci!*
Tschüs!	*Ciao!*
Bis bald!	*A presto!*
Bis morgen!	*A domani!*
gestern / heute / morgen	*ieri / oggi / domani*
am Vormittag / am Nachmittag	*la mattina / al pomeriggio*
am Abend / in der Nacht	*la sera / la notte*
um 1 Uhr / um 2 Uhr …	*all' una / alle due …*
um Viertel vor (nach) …	*alle … meno un quarto (e un quarto)*
um … Uhr 30	*alle … e trenta*
Minute(n) / Stunde(n)	*minuto(-i) / ora(-e)*
Tag(e) / Woche(n)	*giorno(-i) / settimana(-e)*
Monat(e) / Jahr(e)	*mese(-i) / anno(-i)*

Wochentage

Montag	*lunedì*
Dienstag	*martedì*
Mittwoch	*mercoledì*
Donnerstag	*giovedì*
Freitag	*venerdì*
Samstag	*sabato*
Sonntag	*domenica*

Zahlen

0	*zero*	19	*diciannove*
1	*uno*	20	*venti*
2	*due*	21	*ventuno*
3	*tre*	22	*ventidue*
4	*quattro*	30	*trenta*
5	*cinque*	40	*quaranta*
6	*sei*	50	*cinquanta*
7	*sette*	60	*sessanta*
8	*otto*	70	*settanta*
9	*nove*	80	*ottanta*
10	*dieci*	90	*novanta*
11	*undici*	100	*cento*
12	*dodici*	200	*duecento*
13	*tredici*	1000	*mille*
14	*quattordici*	2000	*duemila*
15	*quindici*	10 000	*diecimila*
16	*sedici*	100 000	*centomila*
17	*diciassette*	1/2	*mezzo*
18	*diciotto*	1/4	*un quarto*

Monate

Januar	*gennaio*
Februar	*febbraio*
März	*marzo*
April	*aprile*
Mai	*maggio*
Juni	*giugno*
Juli	*luglio*
August	*agosto*
September	*settembre*
Oktober	*ottobre*
November	*novembre*
Dezember	*dicembre*

Maße

Kilometer	*chilometro(-i)*
Meter	*metro(-i)*
Zentimeter	*centimetro(-i)*
Kilogramm	*chilo(-i)*
Pfund	*mezzo chilo*
Gramm	*grammo(-i)*
Liter	*litro(-i)*

Unterwegs

Nord /Süd /West / Ost	nord / sud / ovest / est
oben / unten	sopra / sotto
geöffnet / geschlossen	aperto / chiuso
geradeaus / links /	diritto / sinistra /
rechts / zurück	destra / indietro
nah / weit	vicino / lontano
Wie weit ist es bis …?	A che distanza si trova …?
Wo sind die Toiletten?	Dove sono le toilette?
Wo ist die (der)	Dove si trova nelle
nächste …	vicinanze …
Telefonzelle /	una cabina telefonica/
Bank /	una banca /
Geldautomat /	un bancomat /
Post /	la posta /
Polizei?	la polizia?
Bitte, wo ist …	Scusi, dov'è …
der Busbahnhof /	la stazione autolinee/
der Hauptbahnhof /	la stazione centrale /
der Fährhafen /	la stazione marittima/
der Flughafen?	l'aeroporto?
Wo finde ich …	Dove si trova …
eine Bäckerei /	un panificio /
Fotoartikel /	gli articoli fotografici /
ein Kaufhaus /	un grande magazzino /
ein Lebensmittel-geschäft /	un negozio di alimentari /
den Markt?	il mercato?
Ist das der Weg /	È questa la
die Straße nach …?	strada per …?
Ich möchte mit …	Vorrei andare …
dem Bus /	con l'autobus /
dem Zug /	con il treno /
dem Schiff /	con la nave /
der Fähre /	con il traghetto /
dem Flugzeug	con l'aereo
nach … fahren.	a …
Gilt dieser Preis für	È la tariffa di
Hin- und Rückfahrt?	andata e ritorno?
Wie lange gilt das	Fino a quando è
Ticket?	valido il biglietto?
Wo ist das Fremden-verkehrsamt /	Dov'è l'ufficio per il turismo /
ein Reisebüro?	un'agenzia viaggi?
Ich suche eine	Cerco un
Hotelunterkunft.	albergo.
Wo kann ich mein	Dove posso deposi-
Gepäck lassen?	tare i miei bagagli?
Ich habe meinen	Ho perso la mia
Koffer verloren.	valigia.
Ich möchte eine	Vorrei fare una
Anzeige erstatten.	denuncia.

Man hat mir …	Mi hanno rubato …
Geld /	i soldi /
die Tasche /	la borsa /
die Papiere /	i documenti /
die Schlüssel /	le chiavi /
den Fotoapparat /	la macchina foto-grafica /
den Koffer /	la valigia /
das Auto /	la macchina /
das Fahrrad gestohlen.	la bicicletta.

Freizeit

Ich möchte ein …	Vorrei noleggiare …
Fahrrad /	una bicicletta /
Mountainbike /	un mountain bike /
Motorrad /	una moto /
Surfbrett /	una tavola da surf /
Boot /	una barca /
Pferd mieten.	un cavallo.
Gibt es ein(en) …	Dove si trova nelle vicinanze …
Freizeitpark /	un parco dei divertimenti /
Freibad /	una piscina pubblica/
Golfplatz /	un campo di golf /
Strand in der Nähe?	una spiaggia?
Wann hat … geöffnet?	Quando è aperto (aperta) …?

Bank, Post, Telefon

Ich möchte Geld wechseln.	Vorrei cambiare dei soldi.
Brauchen Sie meinen Ausweis?	Volete i miei documenti?
Wo soll ich unterschreiben?	Dove devo firmare?
Ich möchte eine Telefon-verbindung nach …	Vorrei un collegamen-to telefonico con …

Hinweise zur Aussprache

c, cc	vor ›e‹ und ›i‹ wie ›tsch‹, Bsp.: **ci**ao; sonst wie ›k‹, Bsp.: **co**me
ch, cch	wie ›k‹, Bsp.: **che**, **chi**lo
g, gg	vor ›e‹ und ›i‹ wie ›dsch‹, Bsp.: **ge**nte; sonst wie ›g‹, Bsp.: **go**la
gli	wie ›Lilie‹, Bsp.: fi**gli**o
gn	wie ›Cognac‹, Bsp.: ba**gn**o
sc	vor ›e‹ und ›i‹ wie ›sch‹, Bsp.: **sci**o-pero; sonst wie ›sk‹, Bsp.: **sca**la
sch	wie ›sk‹, Bsp.: Is**ch**ia
sci	vor ›a,o,u‹ wie ›sch‹, Bsp.: la**sci**are
z	wie ›ds‹, Bsp.: **zu**ppa

Sprachführer

Wie lautet die Vorwahl für …?	Qual è il prefisso per …?
Wo gibt es … Telefonkarten /	Dove trovo … le schede telefoniche /
Briefmarken?	i francobolli?

Tankstelle

Wo ist die nächste Tankstelle?	Dov'è la stazione di servizio più vicina?
Ich möchte … Liter …	Vorrei … litri …
Super /	di super /
Diesel /	di diesel /
bleifrei /	senza piombo /
verbleit.	con piombo.
Volltanken, bitte.	Faccia il pieno, per favore.
Bitte prüfen Sie … den Reifendruck /	Verifichi per favore … la pressione delle ruote /
den Ölstand /	il livello dell'olio /
den Wasserstand /	il livello dell'acqua /
das Wasser für die Scheibenwischanlage /	l'acqua per il tergicristallo /
die Batterie.	la batteria.
Würden Sie bitte … den Ölwechsel vornehmen /	Per favore, mi può … cambiare l'olio /
den Radwechsel vornehmen /	cambiare la ruota /
die Sicherung austauschen /	sostituire il fusibile /
die Zündkerzen erneuern /	sostituire le candele /
die Zündung nachstellen.	regolare l'accensione.

Panne

Ich habe eine Panne.	Ho un guasto.
Der Motor startet nicht.	La macchina non parte.
Ich habe die Schlüssel im Wagen gelassen.	Ho le chiavi in macchina.
Ich habe kein Benzin / Diesel.	Non ho più benzina / diesel.
Gibt es hier in der Nähe eine Werkstatt?	C'è un'officina qui vicino?
Können Sie mich abschleppen?	Può effettuare il traino?
Können Sie mir einen Abschleppwagen schicken?	Mi potrebbe mandare un carro attrezzi?
Können Sie den Wagen reparieren?	Può riparare la mia macchina?
Bis wann?	Quando sarà pronta?

Mietwagen

Ich möchte ein Auto mieten.	Vorrei noleggiare una macchina.
Was kostet die Miete …	Quanto costa il noleggio …
pro Tag /	al giorno /
pro Woche /	alla settimana /
mit unbegrenzter km-Zahl /	senza limite chilometraggio /
mit Kaskoversicherung /	con assicurazione ›kasko‹ /
mit Kaution?	con cauzione?
Wo kann ich den Wagen zurückgeben?	Dove posso restituire la macchina?

Unfall

Hilfe!	Aiuto!
Achtung! / Vorsicht!	Attenzione!
Rufen Sie bitte schnell …	Per favore, chiami subito …
einen Krankenwagen /	un'ambulanza /
die Polizei /	la polizia /
die Feuerwehr.	i vigili del fuoco.
Es war (nicht) meine Schuld.	(Non) È stata colpa mia.
Geben Sie mir bitte Ihren Namen und Ihre Adresse.	Mi dia il suo nome ed indirizzo, per favore.
Ich brauche die Angaben zu Ihrer Autoversicherung.	Mi dia i particolari della sua assicurazione auto.

Krankheit

Können Sie mir einen guten Deutsch sprechenden Arzt / Zahnarzt empfehlen?	Mi può consigliare un bravo medico / dentista che parla il tedesco?
Wann hat er Sprechstunde?	Qual è l'orario delle visite?
Wo ist die nächste Apotheke?	Dove si trova la farmacia più vicina?
Ich brauche ein Mittel gegen …	Vorrei qualcosa contro …
Durchfall /	la diarrea /
Halsschmerzen /	mal di gola /
Fieber /	la febbre /
Insektenstiche /	le punture d'insetti /
Kopfschmerzen /	mal di testa /
Verstopfung /	la costipazione /
Zahnschmerzen.	mal di denti.

Im Hotel

Können Sie mir bitte ein Hotel / eine Pension empfehlen?	Potrebbe consigliarmi un albergo / una pensione, per favore?

138

Ich habe bei Ihnen ein Zimmer reserviert.	Ho prenotato una camera.
Haben Sie	Ha una camera
ein Einzelzimmer /	singola /
ein Doppelzimmer …	doppia …
mit Dusche /	con doccia /
mit Bad /	con bagno /
für eine Nacht /	per una notte /
für eine Woche?	per una settimana?
Was kostet das Zimmer …	Quanto costa una camera …
mit Frühstück /	con prima colazione /
mit Halbpension /	con mezza pensione /
mit Vollpension?	con pensione completa?
Wie lange gibt es Frühstück?	Fino a che ora viene servita la colazione?
Ich möchte um … Uhr geweckt werden.	Vorrei essere svegliato alle ore …
Ich reise	Vorrei partire
heute Abend /	questa sera /
morgen früh ab.	domani mattina.
Haben Sie ein Faxgerät / einen Hotelsafe?	Ha un fax / una cassetta di sicurezza?
Kann ich mit Kreditkarte zahlen?	Posso pagare con la carta di credito?

Im Restaurant

Ich suche ein gutes / günstiges Restaurant?	Cerco un buon ristorante / un ristorante non troppo caro.
Die Speisekarte / Getränkekarte, bitte.	Vorrei la carta / la lista delle bevande, per favore.
Welches Gericht können Sie besonders empfehlen?	Quale piatto mi può raccomandare?
Ich möchte das Tagesgericht / das Menü (zu …).	Vorrei il piatto del giorno / il menù (da …).
Ich möchte nur eine Kleinigkeit essen.	Vorrei uno spuntino.
Haben Sie … vegetarische Gerichte / offenen Wein / alkoholfreie Getränke?	Ha dei … piatti vegetariani / vino della casa / analcolici?
Kann ich bitte … ein Messer / eine Gabel / einen Löffel haben?	Vorrei avere … un coltello / una forchetta / un cucchiaio.
Darf man rauchen?	Si può fumare?
Rechnung! / Bezahlen, bitte!	Vorrei il conto, per favore!

Essen und Trinken

Apfel	mela
Aubergine	melanzana
Bier	birra
Brot / Brötchen	pane / panino
Butter	burro
Ei	uova
Erdbeeren	fragole
Essig	aceto
Feigen	fichi
Fisch	pesce
Flasche	bottiglia
Fleisch	carne
Fruchtsaft	succo di frutta
gegrillt	ai ferri / alla griglia
Gemüse	verdura
Glas	bicchiere
Huhn	pollo
Kaffee mit aufgeschäumter Milch	cappuccino
Kaffee (klein, stark)	caffè espresso
Kaffee (klein, mit wenig Milch)	caffè macchiato
Kalbfleisch	vitello
Kalbshaxenscheibe	ossobuco
Kartoffeln	patate
Käse	formaggio
Knoblauch	aglio
Lamm	agnello
Maisbrei	polenta
Milchkaffee	caffellatte
Mineralwasser (mit / ohne Kohlensäure)	acqua minerale (con / senza gas)
Nachspeise	dolce
Obst	frutta
Öl	olio
Orange	arancia
Parmesankäse	parmigiano
Pfeffer	pepe
Pfirsich	pesca
Pilze	funghi
Salat	insalata
Salz	sale
Schinken	prosciutto
Schweinefleisch	maiale
Spinat	spinaci
Suppe	minestra / zuppa
Tee	té
Tomaten	pomodori
Vorspeisen	antipasti
Wein,	vino …
Weiß- /	bianco /
Rot- /	rosso /
Rosé-Wein	rosato
Weintrauben	uve
Zucker	zucchero

Sprachführer

Register

A

Abbazia di Sant'Eutizio 124
Abbazia di Sassovivo 80 f.
Albornoz, Kardinal 13, 69, 90, 99
Alessi, Galeazzo 14, 68, 72
Alexander VI., Papst 13
Algardi, Alessandro 27, 91
Alunno (Nicolò di Liberatore) 68, 75, 80, 97, 115
Alviano 106
Amelia 12, 13, **104 f.**
Amerino 104–106
Angelo da Orvieto 46, 112
Anselmo degli Atti 78
Antinori, Familie 26
Antonioni, Michelangelo 6, 77
Arienti, Alessandro 24
Arnolfo di Cambio 32, 37
Arrone 121
Assisi 8, 9, 13, 15, **59–72**, 73, 75
  Anfiteatro Romano 69
  Chiesa Nuova 69
  Duomo San Rufino 68, 71
  Fonte Oliviera 66
  Museo Civico-Foro Romano 66 f.
  Oratorio dei Pellegrini 65
  Oratorio San Francesco 71
  Oratorio San Francesco Piccolino 69
  Palazzo dei Priori 68
  Palazzo del Capitano del Popolo 67
  Palazzo Giacobetti 64
  Piazza del Comune 67 f.
  Pinacoteca Civica 68
  Rocca Maggiore 69
  S. Chiara 69 f.
  S. Maria Maggiore 70
  S. Maria sopra Minerva 59, 67
  San Damiano 66, 67, 70, 71
  San Francesco 13, 15, 59, **60–64**, 66 84
  San Masseo 71
  San Pietro 71
  Tempio di Minerva 59, 67
  Via San Francesco 64 ff.
Attus, Baumeister 78
Augustus, Kaiser 12, 19, 25, 28, 75, 101

B

Baglioni, Familie 19, 24, 27, 60
Barocci, Federico 20
Bartolomeo, Tommaso di 97
Benedikt von Nursia, hl. 8, 12, **116**, 122
Benedikt XI., Papst 27
Bernardino da Siena, hl. 26 f., 77
Bernini, Gian Lorenzo 79, 89, 96
Betto, Bernardo di *siehe* Pinturicchio
Bettona 43
Bevagna 8, **81 f.**, 106
  Duomo San Michele 81
  Mercato delle Gaite 81
  Palazzo dei Consoli 81
  San Domenico 81
  San Silvestro 81, 82
Binellus, Baumeister 81
Böll, Heinrich 15
Bonifaz VIII., Papst 34
Borghetto 54
Borgia, Cesare 44, 60
Borgia, Lucrezia 14, 88, 90
Botticelli, Sandro 90
Braccio di Fortebraccio 13, 49, 60
Bramante 41, 90

Bruschi, Domenico 73, 84
Burri, Alberto 15, 44, **46**, 47, 91
Byron, George Gordon Noel, Lord 14, 95

C

Caesar, Kaiser 49
Calder, Alexander 15, 91
Calvi dell'Umbria 104
Cantucci, Elisabetta 27
Caprarola, Cola da 41, 78
Carattoli, Pietro 24
Carducci, Giosuè 14, 24, 85
Carracci, Annibale 90
Carsulae 106 f.
Cascata delle Marmore *siehe* Terni
Cascia 8, **119 f.**
Cassius, hl. 100
Castel Rigone 51
Castel San Felice 122
Castelluccio 6, **118 f.**
Castiglione del Lago 53 ff.
Cavallini, Pietro 84
Cavallini-Schule 22
Cereto di Spoleto 122
Chiapetta, Spirito Maria 119
Cicero 12
Cimabue 9, 59, 63, 64, 67, 84
Città della Pieve 23, **57**
Città di Castello 15, **44–47**, 84
  Duomo SS. Florido e Amanzio 46
  Ex-Seccatoi Tabacchi 47
  Museo Capitolare 46
  Palazzo Albizzini 44
  Palazzo Comunale 46
  Palazzo del Podestà 46
  Palazzo Vitelli a Porta Sant'Egidio 44
  Piazza Matteotti 46
  Sant'Egidio 44
  Pinacoteca Comunale 46 f.
  San Francesco 44
  Tela Nuova 15, 44 ff., 130
Clemens VII., Papst 14, 31, 37
Clemens VIII., Papst 49
Clitumnus-Tempel *siehe* Tempio del Clitunno
Conca di Valsorda 114
Corgna, della, Familie 53, 54
Corot, Camille 14, 102
Corporale 13, 32, **33**
Cospaia 14, 47

D

d'Amelia, Pier Matteo 90
d'Annunzio, Gabriele 14
d'Assisi, Tiberio 83
Dante Alighieri 13, 31, 78
Della-Robbia-Schule 44
Dentanus, Manlius Curius 98
Deruta **43**, 106
Diokletian, Kaiser 12, 81
Divina Commedia 13, 31, 78
Donatello 13, 101
Duccio, Agostino di 26, 28
Duccio di Buoninsegna 24, 105
Dunarobba 106

E

Elisabeth von Thüringen, hl. 28
Eremo delle Carceri *siehe* Monte Subasio
Etrusker 7, 12, 19, 21, 24, 27, **28**, 29, 31, 32, 37, 38, 66, 75, 111
Eugubinische Tafeln *siehe* Tavole Eugubine

F

Fantosati, Antonio 84
Faroald, Herzog 12

Faenza, Ferraù da 40
Ferentillo 121
Filippo da Campello 69
Filippo Neri, hl. 91
Filippeschi, Familie 31
Fiorentino, Rosso 44, 46
Fiorenzi, Luisa, Marchesa 14, **52**
Flaminius, Gaius 12, 54, 106
Foligno 13, 19, 75, **78 ff.**, 81, 106
  Duomo San Feliciano 78
  Giostra della Quintana 78, 133
  Palazzo Comunale 79
  Palazzo Trinci 79
  S. Maria Infraportas 80
  San Nicolò 80
Fontanelle 81
Fontignano 23
Fortunatus, hl. 41
Fra Angelico 34
Fra Diamante 90
Fra Elia 60
Fra Filippo Lippi 90
Franziskaner 13, 20, 28, 43, 60, 61, 66 f., 70, 71
Franziskus von Assisi, hl. 8, 13, 59, 60, 62, 63, **66 f.**, 68, 69, 70, 71, 72, 73, 81, 93, 111
Franziskusmeister 62, 115
Friedrich Barbarossa, Kaiser 13, 19, 60, 78, 88, 89, 90, 114
Friedrich II., Kaiser 36, 39, 60, 68, 69, 82, 121

G

Gattamelata (Erasmo da Narni) 13, 101
Gattapone, Baumeister 90, 91, 111, 112
Gavelli 122
Geraldini, Alessandro 13, 105
Geraldini, Familie 105
Geschlechtertürme 24, 99, 120
Ghibellinen **19**, 60, 95
Ghiberti, Lorenzo 47
Ghirlandaio, Domenico 101
Giordano, Umberto 52
Giorgio Martini, Francesco di 113
Giotto di Bondone 9, 13, 41, 59, 62, **63**, 64, 84
Giovanni da Corraduccio 71
Giovanni da Gubbio 68
Giove 106
Goethe, Johann Wolfgang von 14, 59, 67, 91, 102
Goldoni, Carlo 26
Gozzoli, Benozzo 83, 97
Greco, Emilio 34
Gregor IX., Papst 60, 70
Gualdo, Matteo da 65, 115
Gualdo Tadino 12, **114**
Gubbio 8, 11, 14, **109–114**, 123
  Chiesa Nuova 113 f.
  Corsa dei Ceri 109, 133
  Duomo SS. Mariano e Giacomo 112
  Loggia dei Tiratori 111
  Monte Ingino 109, 114
  Museo Civico 112
  Palazzo dei Consoli 112
  Palazzo del Bargello 112
  Palazzo del Capitano del Popolo 112
  Palazzo Ducale 112
  Palazzo Ranghiasci-Brancaleoni 112
  Porta dei Morti 112
  S. Maria della Vittoria 114
  San Domenico 112
  San Francesco 110
  San Giovanni Battista 111
  San Marziale 113
  Sant'Agostino 114
  Sant'Ubaldo 114
  Teatro Romano 114

Register

Guelfen **19**, 20, 21, 60, 95
Guidalotti, Familie 24
Guido von Spoleto, Herzog 12
Guttuso, Renato 91

H

Hallgarden Franchetti, Alice 15, 45
Hannibal 12, 38, **54**, 87
Heinrich der Löwe, Herzog 19
Hesse, Hermann 14
Hildericus, Herzog 125
Honorius II., Papst 60

I

Ilario da Viterbo 73
Innozenz III., Papst 13, 19, 21, 67, 84, 89, 125
Innozenz IV., Papst 36

J

Jacopone da Todi 13, 39, 41
Johannes XIII., Papst 13
Johannes XXIII., Papst 34
Juvenal, hl. 99

K

Karl der Große, Kaiser 116
Kirchenstaat 13, 19, 47, 60, 75, 99
Klara von Montefalco, hl. 83
Klara, hl. 13, 15, 60, 67, 68, **70**
Klarameister 70
Klarissinnen 13, 70
Konstantin der Große, Kaiser 12, 75

L

Lago di Piediluco 98 f.
Lago Trasimeno 6, 11, 14, 24, **49 f.**
Lambert von Spoleto, Herzog 12
Langobarden 12, 60, 75, 85, 88, 99, 114, 124
Laurana, Francesco 113
Laurentius, hl. 34
Julius III., Papst 20
Leo XII., Papst 14
Leo XIII., Papst 14, 21, 78
Livius 54
Lo Spagna 122
Lorenzetti, Pietro 63
Ludwig I., König 14, **52**
Lugnano in Teverina 105 f.
Lungarotti, Familie 43
Luther, Martin 91

M

Macchiavelli, Nicolò 67
Maderna, Carlo 106
Maestro Giorgio 112
Magione 52
Maitani, Lorenzo 32, 33
Maitani-Schule 34
Malaparte, Curzio 10
Malerba, Luigi 15
Mark Anton 19
Martin von Tours, hl. 62
Martin I., Papst 12, 40
Martini, Simone 9, 62, 84
Mascagni, Pietro 52
Masolino da Panicale 41
Matteo d'Acquasparta 41
Medici, Familie 72
Medici, Lorenzo de' 90
Menotti, Giancarlo 15, 87
Meßwunder von Bolsena *siehe* Corporale
Metelli, Orneore 97
Mezzastris, Pier Antonio de 65

Michelangelo Buonarroti 9, 23, 40, 41, 43, 84
Monaldeschi, Familie 31
Monte del Lago 51 ff.
Monte Subasio 20, 69, **73**, 75
  Eremo delle Carceri 73
Montecassino 115
Montefalco 14, **82 ff.**
  Museo di San Francesco 83
  Palazzo Comunale 83
  Pieve S. Fortunato 83
  S. Chiara 83
Montefeltre, Familie 109
Montefeltre, Federico da 113
Monteleone di Spoleto 120
Monteluco *siehe* Spoleto
Monti Sibillini *siehe* Sibyllinische Berge
Morlacchi, Francesco 14, 21

N

Napoleon, Kaiser 14, 26, 44, 49
Napoletano, Filippo 116
Narni 12, 14, **99–102**
  Abbazia San Cassiano 101
  Duomo San Giovenale 99
  Loggia dei Priori 101
  Palazzo del Podestà 100
  Ponte d'Augusto 99, 101
  Rocca Albornoz 101
  S. Maria in Pensole 101
  Sagra dell'Anello 99, 132
  San Domenico 101
  Sant'Agostino 101
Narses, Feldherr 114
Nelli, Ottaviano 68, 79, 111, 114
Neri, Luca 96
Nerva, Kaiser 12
Nicolò di Liberatore *siehe* Alunno
Nikolaus IV., Papst 32
Nikolaus V., Papst 34
Nocera Umbra 106, 109, **115 f.**
Norcia 116 ff., 120, 124
  Castellina 116
  Duomo S. Maria Argentea 117
  Palazzo Comunale 116
  Piazza San Benedetto 116
  Porta Romana 116
  San Benedetto 116
  San Giovanni 117
  Sant'Agostino 117
  Tempietto 117
Nucci, Virgilio 112

O

Offreduccio, Chiara *siehe* Klara
Octavian *siehe* Augustus
Orvieto 7, 9, 11, 12, 13, 14, **31–38**
  Duomo S. Maria Assunta 31, 32 ff.
  Museo Archeologico 34
  Museo Faina 34
  Necropoli Crocifisso del Tufo 37
  Orvieto Underground 34
  Palazzo Comunale 36
  Palazzo del Popolo 36
  Palazzo Papale 34
  Palazzo Soliano 34
  Piazza del Duomo 34
  Porta Maggiore 36
  Pozzo della Cava 36
  Pozzo di San Patrizio 31, 36, 37
  San Domenico 36
  San Francesco 34
  San Giovanni 36
  San Giovenale 36
  San Lorenzo de Arari 34
  Sant'Andrea 36
  Torre del Moro 36
Otricoli 102 f.
Otto III., Kaiser 125
Overbeck, Friedrich von 73

P

Paciano 56
Padua 13, 101
Pale 81
Palmerino di Guido 111
Panicale 55 f.
Paolo, Giannicola di 40
Paul III., Papst 14, 19, 24
Parco Regionale di Monte Cucco 114
Passignano sul Trasimeno 49, **50 f.**
Pergolesi, Giovanni Battista 13
Perugia 7, 11, 12, 13, 14, **18–29**, 60, 75, 84
  Arco di Augusto 19, 25, 26
  Collegio del Cambio 23
  Collegio della Mercanzia 23
  Corso Vannucci 7, 18, 23, 24, 27
  Duomo San Lorenzo 20
  Fontana Maggiore 20, 21
  Galleria Nazionale dell'Umbria 23 f.
  Giardino Carducci 24
  Ipogeo dei Volumni 19, 28
  Mercato Coperto 24, 27
  Museo Archeologico 28
  Museo dell'Accademia di Belle Arte 27
  Oratorio di San Bernardino 26
  Palazzo dei Priori 20, **21–24**, 26
  Palazzo del Capitano del Popolo 24
  Palazzo dell'Università vecchia 24
  Palazzo della Provincia 24
  Palazzo della Regione 28
  Palazzo Donnini 24
  Palazzo Gallenga-Stuart 26
  Pasticceria Sandri 24
  Piazza Danti 21, 24
  Piazza Italia 24
  Piazza Matteotti 24
  Piazza Michelotti 25
  Piazza IV Novembre 20, 21
  Porta Cornea 27
  Porta Marzia 24
  Porta San Pietro 28
  Pozzo Etrusco 21
  Rocca Paolina 14, 19, 24, 27
  Sala dei Notari 24
  San Domenico 27 f.
  San Filippo Neri 26
  San Francesco al Prato 27
  San Michele Arcangelo 26
  San Pietro 28
  San Severo 24
  Sant'Agostino 26
  Sant'Ercolano 27
  Teatro Morlacchi 27
  Università per stranieri 15, 18, 19, 26
  Via dei Priori 26
  Via Maestà delle Volte 21
Perugino (Pietro Vannucci) 9, 13, 18, 19, **23**, 24, 25, 55 f., 57, 84
Peruzzi, Baldassare 41
Piegaro 56
Piermarini, Giuseppe 77, 78
Piero della Francesca 24
Pietro, Sano di 49
Pietro di Bernardone 66, 69
Pietro di Maria 80
Pinturicchio (Bernardo di Betto) 9, 13, 19, 76, 84, 90, 112
Pisano, Giovanni 20, 33
Pisano, Nicola 20, 33
Pius II., Papst 60
Plinius 85
Porziuncula *siehe* S. Maria degli Angeli
Preci 123

Register

Properz 12, 59, 65
Puccini, Giacomo 52

Q

Quattrini, Enrico 24

R

Raffael (Raffaello Sanzio) 14, 19, 23, 24, 25, 44, 47, 54, 79, 84
Reni, Guido 26, 28
Rita von Cascia, hl. 8, 14, 119, 120
Roccaporena 120
Rodulfus, Baumeister 81
Romano, Antoniazzo 101
Romuald von Camaldoli, hl. 13, 25
Römische Schule 64
Roscioli, Familie 79
Rossi, Aldo 15, 29
Rossini, Gioacchino Antonio 13
Rufinos, hl. 60, 68

S

S. Maria degli Angeli, 72 f.
  Porziuncula 66, 70, 72 f.
San Feliciano 52
San Gemini 106, 107
San Giorgio, Eusebio da 54, 112
San Pietro in Valle 124 f.
San Savino 53
San Valentino 122
Sangallo d. J., Antonio da 24, 41, 78, 79, 96, 105
Sant'Anatolia di Narco 122
Sant'Eutizio *siehe* Abbazia di Sant'Eutizio
Sant'Ubaldo 112, 114
Scalza, Hippolito 42
Scheggia 114
Scheggino 122
Schelling, Wilhelm Joseph von 52
Scipio Africanus, Feldherr 23
Seume, Johann Gottfried 86
Sibyllinische Berge 24, **118**
Siciliano, Jacopo 90
Siculo, Jacopo 121
Sienesische Schule 52
Signorelli, Luca 9, 14, 31, 34, 44, 47, 84
Sismano 106
Sixtinische Kapelle 9, 23
Sokrates 23
Sotius, Albertus 90
Spello 8, 11, **75−78**, 84
  Belvedere 77
  Cappella Tega 75
  Duomo S. Maria Maggiore 76

Infiorata-Fest 75, 133
Museo Civico 76
Palazzo Comunale 77
Porta Consolare 75
Porta Venere 77
S. Maria di Vallegloria 77
San Claudio 77
San Lorenzo 77
Sant'Andrea 76
Villa Fidelia 77
Spoleto 11, 12, 13, 14, 15, 82, 85, **86−93**
  Arco di Druso 89
  Duomo S. Maria Assunta 89 f.
  Festival dei due Mondi 15, 87, 133
  Galleria Comunale d'Arte Moderna 91
  Monteluco 88, 92
  Museo Archeologico 88
  Palazzo Ancaiani 88
  Palazzo Comunale 89
  Piazza del Duomo 90
  Piazza del Mercato 89
  Piazza della Libertà 88, 91
  Pinacoteca Comunale 89
  Ponte delle Torri 91
  Rocca Albornoz 88, 90
  S. Maria della Manna d'Oro 90
  San Domenico 91
  San Filippo 91
  San Gregorio Maggiore 91
  San Nicolò 91
  San Pietro fuori le Mura 92
  San Ponziano 92
  San Salvatore 92
  Sant'Ansano 89
  Sant'Eufemia 89
  SS. Giovanni e Paolo 91
  Teatro Nuovo 91
  Teatro Romano 88
  Theodelapio 91
  Via del Palazzo dei Ducchi 89
Staufer 81, 114

T

Tacitus 12, 95
Tavole Eugubine 12, 109, **111**, 112
Tempio del Clitunno 6, **85 f.**, 91
Terni 6, 11, 12, 14, 15, **95−98**, 120, 121
  Anfiteatro Romano 96
  Cascata delle Marmore 6, 95, 98
  Corso Cornelio Tacito 97
  Duomo S. Maria Assunta 96
  Palazzo Comunale 95
  Palazzo Spada 96
  Piazza del Duomo 96, 97

Pinacoteca Comunale 97
San Francesco 97
San Salvatore 96
Sant'Alò 97
Thomas von Aquin, hl. 13, 37, 91
Thomas von Celano 66
Tiberius, Kaiser 89
Tintoretto 28, 112
Todi 12, **38−42**
  Duomo S. Maria 39, 40
  Fonte Scarnabecca 42
  Nicchioni 42
  Palazzo dei Priori 40
  Palazzo del Capitano 40
  Palazzo del Popolo 40
  Piazza del Popolo 39
  Porta Perugina 42
  S. Maria della Consolazione 41
  San Fortunato 41
Torgiano 43
Totila, König 12, 44, 109, 14, 116
Trasimenischer See *siehe* Lago Trasimeno
Trevi 8, **84 f.**, 106
Trinci, Familie 78, 84, 115
Tuoro sul Trasimeno 54
Turner, William 14

U

Ugolino da Prete Ilario 33
Ugolino da Vieri 33
Umbrische Schule 9, 13, 23, 56, 84
Urban IV., Papst 13
Urban VIII., Papst 14, 88, 89

V

Valle Umbra 75, 106
Vallo di Nera 122
Valnerina 14, **120−124**
Vannucci, Pietro *siehe* Perugino
Vasari, Giorgio 28, 44
Vasilacchi, Antonio 28
Vergil 85
Verocchio, Andrea 23
Vespasian, Kaiser 89
Via Flaminia 12, 78, **106**, 114
Vicenzo, hl. 81
Vignola, Giacomo 116
Visciano 102
Vitelleschi, Kardinal 78
Vitelli, Familie 44

W

Wagner, Richard 14, 21

Z

Zeffirelli, Franco 15

Bildnachweis

AKG, Berlin: 62, 63 (Diller), 102 − *BAVARIA, Gauting*: 48 oben (Kneer) − *Bildagentur Huber, Garmisch-Partenkirchen*: 16/17, 35 (Giovanni) − *Bildarchiv Steffens, Mainz*: 60 (Allgöwer) − *laif, Köln*: 25 oben, 30 Mitte, 46, 80, 89, 92 unten, 124 oben (Hedda Eid) − *LOOK, München*: 18/19 (Acquadro), 24 (Greune), 72 unten (Galli), 126 oben links (Greune) − *Gino Russo, Savona*: 4 oben, 6, 6/7, 7, 8 oben, 8/9, 9 Mitte, 10 oben, 11 (2), 20, 21, 22 (2), 23, 37 (2), 38, 39 oben, 41, 42, 43, 47, 48 unten, 51, 54, 55 (2), 56, 57, 66, 70, 73, 76, 77, 78, 79 (2), 81, 83, 84, 86 oben, 88 oben, 94, 98, 100 oben, 103, 104, 105, 107, 108 unten, 110, 113 unten, 115, 116, 117 (2), 118, 119 (2), 120, 121 (2), 123 (2), 124 unten, 125, 126 oben rechts, 126 Mitte, 126 unten links, 126 unten rechts, 130, 131 − *Sacro Convento, Assisi*: 61, 64 − *Süddeutscher Verlag, Bilderdienst, München*: 12, 13 (3), 14, 15 − *Axel Winkler, München*: 8 Mitte, 9 oben, 10 unten, 25 unten, 26, 27, 29, 30 oben, 30 unten, 36, 39 unten, 40, 44, 45, 52, 53, 58, 59, 68, 69, 71, 72 oben, 74 (2), 82, 85 (2), 86 unten, 88 unten, 90, 91, 92 oben, 93 (2), 96 (2), 97 (2), 100 unten, 101, 111, 112, 113 oben − *zefa, Düsseldorf*: 108 oben (Rossenbach)

Reisen mit Lust und Laune.

Die Reisemagazine vom ADAC gibt es für Städte, Länder und Regionen.

Alle zwei Monate neu.

In der ADAC-Reiseführer-Reihe sind erschienen:

Ägypten
Andalusien
Australien
Bali und Lombok
Barcelona
Berlin
Bodensee
Brandenburg
Brasilien
Bretagne
Budapest
Burgund
Costa Brava und
    Costa Daurada
Côte d'Azur
Dalmatien
Dominikanische
    Republik
Dresden
Elsaß
Emilia Romagna
Florenz
Florida
Französische
    Atlantikküste
Fuerteventura
Gardasee
Golf von Neapel
Gran Canaria
Hamburg
Irland
Israel
Istrien und
    Kvarner Golf
Italienische Adria
Italienische Riviera
Jamaika
Kalifornien
Kanada –
    Der Osten
Kanada –
    Der Westen
Karibik
Kenia
Kreta
Kuba
Kykladen

Lanzarote
London
Madeira
Mallorca
Malta
Marokko
Mecklenburg-
    Vorpommern
Mexiko
München
Neuengland
Neuseeland
New York
Norwegen
Oberbayern
Paris
Peloponnes
Portugal
Prag
Provence
Rhodos
Rom
Salzburg
Sardinien
Schleswig-Holstein
Schottland
Sizilien
St. Petersburg
Südafrika
Südengland
Südtirol
Teneriffa
Tessin
Thailand
Toskana
Türkei-Südküste
Türkei-Westküste
Tunesien
Umbrien
Ungarn
USA-Südstaaten
USA-Südwest
Venedig
Venetien
    und Friaul
Wien
Zypern

Weitere Titel in Vorbereitung

Impressum

Umschlag-Vorderseite: Das Bergstädtchen Gubbio wird von dem eleganten Palazzo dei Consoli bekrönt
Foto: Bildagentur Huber, Garmisch-Partenkirchen (Giovanni)

Titelseite: Schauplatz Assisi – ein Mann huldigt dem hl. Franziskus auf der Piazza del Comune
Foto: AKG, Berlin (Diller)

Abbildungen: siehe Bildnachweis S. 142

Lektorat und Bildredaktion:
Kirsten Winkler
Gestaltungskonzept: Norbert Dinkel, München
Layout: Hartmut Czauderna, Gräfelfing
Karten: Computerkartographie Carrle, München
Reproduktion: eurocrom 4, Villorba/Italien
Satz: Filmsatz Schröter GmbH, München
Druck, Bindung: Sellier Druck GmbH, Freising
Printed in Germany

ISBN 3-87003-707-5

Gedruckt auf chlorfrei gebleichtem Papier

2., neu bearbeitete Auflage 2000
© ADAC Verlag GmbH, München

Redaktion ADAC-Reiseführer:
ADAC Verlag GmbH, 81365 München

Das Werk einschließlich aller seiner Teile ist urheberrechtlich geschützt. Jede Verwendung ohne Zustimmung des Verlags ist unzulässig und strafbar. Das gilt insbesondere für Vervielfältigungen, Übersetzungen, Mikroverfilmungen und die Verarbeitung in elektronischen Systemen.
Die Daten und Fakten für dieses Werk wurden mit äußerster Sorgfalt recherchiert und geprüft. Da vor allem touristische Informationen häufig Veränderungen unterworfen sind, kann für die Richtigkeit der Angaben leider keine Gewähr übernommen werden. Die Redaktion ist für Hinweise und Verbesserungsvorschläge dankbar.